Gütersloher Verlagshaus. Dem Leben vertrauen

Für Mami

Tilman Jens

DEMENZ

Abschied von meinem Vater

Gütersloher Verlagshaus

Darf ich nach einem selbstbestimmten Leben nicht auch einen selbstbestimmten Tod haben, statt als ein dem Gespött preisgegebenes Etwas zu sterben, das nur von fernher an mich erinnert? Und dieses letzte Bild wird bleiben und überdauert für die Nachfahren auf lange Zeit die Impressionen, da ich ein »Ich« und kein »Es«, ein denkendes Wesen und kein zuckendes Muskelpaket war, kein Drahtmensch, sondern ein Wesen, dessen Stolz vielleicht in seiner Schwäche bestand – aber einer bedachten und eingestandenen Schwäche.

Walter Jens, in: Jens/Küng: Menschenwürdig sterben, 1995

I. Ich geh dann mal nach oben

Eine angestaubte Video-Kassette, mit rotem Kuli beschriftet. *Sterbehilfe: Papi. 13. August 2001. Fernseh-Aufnahmen.* Wir saßen am Neckar in einem Stocherkahn, der Hölderlin-Turm: vis-a-vis, und unterhielten uns über die letzten Dinge. Ob ein Mensch, zumal ein Christ, der unheilbar krank sei, von Schmerzen gepeinigt, nicht mehr er selbst, sich wirklich ergeben in sein Schicksal fügen müsse, bis ihn Gott endlich erlöse – oder ob es nicht doch ein Recht auf ein selbstbestimmtes Ende in Würde gäbe, ein Recht auf Euthanasie im ursprünglichen Sinne des Worts, ein Recht auf einen schönen, gnädigen Tod.

Die Sonne strahlte und der damals 78jährige, der sagte, er sei nicht mehr im Vollbesitz seiner Kräfte, war sich seiner Sache ganz sicher. Auf dem unter der großen Trauerweide vertäuten Kahn hat er *den freundlichen Tod* beschworen, den ein Mensch, der auf keine Heilung mehr hoffen kann, mit Fug und Recht ersehne: *dem sollte ich im Zeichen der Liebe helfen können.* Immer wieder hat er, leger im weißen Hemd, auf den Arzt Max Schur verwiesen, der den todkranken Sigmund Freud mit einer Überdosis Morphium von seinem qualvollen Krebsleiden erlöste: *Er wusste, einer wird Dir beistehen – wir könnten unendlich viel gelassener leben, wenn wir wüssten: ein Arzt oder eine Ärztin wird Dir helfen, den kleinen Übergang erleichtern.* Und dann hat er, höchst entspannt, mit einem Lächeln hinzugefügt, dass er im Fall eines Falles auch einen Max Schur habe, *der, wenn es soweit ist, aus Nächstenliebe dem Willen seines Patienten folgen wird.*

Es ist düster und kalt, als ich mir das Band mit unserem Gespräch Jahre später noch einmal ansehe. Meine letzte Frage damals hatte ich lange vergessen, den Einwand, Freud habe Rachenkrebs, unerträgliche Schmerzen gehabt, was aber wäre, wenn Du Alzheimer hättest? Darf das ein Sohn fragen? Ich durfte. Und mein Vater war in seinem Element. *Wenn die Autonomie des Menschen nicht mehr im Zentrum steht, wenn ich nicht sagen kann, Tilman, Du siehst selbst, es ist an der Zeit – ich sage mit dem Mann da oben –* er meinte nicht Gott, sondern den Dichter des Hyperion, der in seinem goldgelben Neckarturm fast 40 Jahre lang dem Tod entgegendämmerte – *ich sage mit Friedrich Hölderlin: April, Mai und Junius sind ferne, ich bin nichts mehr, ich lebe nicht mehr gerne ... dann möchte ich das mir von Gott geschenkte Leben zurückgeben.* Was ihm Angst machte, war die Vorstellung, einer unheilbaren Krankheit, einem endlosen Siechtum wehrlos ausgeliefert zu sein: *Ich will sterben –*

nicht gestorben werden. Seitdem sind sieben Jahre vergangen. Und kaum etwas erinnert mehr an den Mann, der mir einst im Kahn gegenübersaß.

Nachts, wenn der große Hunger kommt und das Schlafmittel keine Ruhe mehr gibt, strampelt er sich frei. Die nasse Windel plagt. Er hat genug gedämmert. Langeweile hat er sein ganzes Leben gehasst. Er will raus hier. Irgendwohin. Unter seinem Bett steht ein beiges Kästchen, das jüngst angeschaffte Babyphon, das jede Regung des alten Mannes ins Schlafzimmer meiner Mutter überträgt. Sie habe sich an den heiseren Atem, an das Röcheln und Husten im Lautsprecher allmählich gewöhnt. *Geht schon* – diese verfluchten Beschwichtigungs-Formeln, an die sie selbst schon lang nicht mehr glaubt.

Er tastet sich zum Lichtschalter, schaut sich um in seinem kargen Krankenlager, das einmal das kaum weniger karge Gästezimmer meines Tübinger Elternhauses war, ein in seiner Radikalität liebenswertes Abbild protestantischer Bescheidenheit: Raufasertapete, abwaschbar. Das Klappbett, hinter Kiefernfurnier versteckt. Mein ausrangierter Schülerschreibtisch. An der Decke eine Lampe, deren Milchglas ich demolierte, als ich 13 war. Der rote Teppichboden hat Flecken bekommen. Das letzte Bild, der Butt mit den vielen Gräten, ein Geburtstags-Geschenk von Günter Grass zum 60., wurde vor zwei Jahren auf Drängen seines damaligen Pflegers von der

Wand genommen: *Gell, Herr Jens, das beunruhigt Sie nur.* Unruhe gibt es genug, all die Menschen, die Möbel, die Sätze, die mein 85jähriger Vater nicht mehr versteht. *Mir ist die Sprache gestorben*, hat er gesagt, als ihm im vergangenen Frühling die Klarheit, das Bewusstsein eines Zustands ohne Hoffnung, ein paar Stunden aufgedämmert ist.

Mehr taumelnd als gehend, benommen von den schweren Medikamenten, schleppt er sich an den Bücherregalen im engen Kellerflur vorbei, bewältigt, das Geländer fest in der Hand, die sieben mit Gummimatten rutschfest gemachten Stein-Treppen hoch bis ins Parterre, rüttelt an der Haustür, die jede Nacht gleich zweifach verriegelt wird, damit er nicht fortläuft. In der Diele steht der Rollstuhl, an einen wie den gefesselt zu sein, da hatte er keinen Zweifel vor Jahren, für ihn kein Leben mehr sei, das sich zu leben lohne. Schon die Vorstellung, eines Tages inkontinent zu werden, weckte Verlangen nach dem Jenseits. *Dann lieber tot.* Aber in der Küche hat Margit, der Segen, die gestandene Schwäbin aus Mähringen am Fuße der Alb, seine Getreue für 12 Stunden am Tag, die nur ein Mensch ohne Herz in den Rang einer bloßen Pflegerin degradieren würde, vorsorglich ein paar Stücke Kuchen deponiert. Die findet er immer. Und Minuten später sind da nur noch viele wild verstreute Krümel.

Meist dreht er dann um und findet mit verklebten Fingern zurück in sein Bett.

Manchmal aber zieht er, im Treppenhaus vorbei am Sperrholz-Relief der Insel Sylt – ein Weihnachtsgeschenk meines Großvaters aus den 60er Jahren – in die nächste Etage. Dort ist in aller Regel Endstation. Meine Mutter, aufgewacht durch das abrupte Schweigen des Babyphons, spätestens aber durch das sich langsam nähernde Keuchen, fängt den nächtlichen Streuner ab, redet ihm, auch wenn es wieder einmal nach eins ist, gut und geduldig zu: *Leg Dich wieder hin, sonst bist Du morgen müde.* Der Sinn ihrer Worte erreicht ihn nicht mehr, doch der Tonfall scheint irgendwie vertraut, was nach einer Ehe, die 57 Jahre währt, nicht wirklich ein Wunder ist.

In so einer Nacht hat er keine Chance. Der Ausreiß-Versuch ist beendet. Wenn es Not tut, lässt er sich von meiner Mutter noch windeln. Viel sagt er nicht. Manchmal aber scheint er sich seiner Situation bewusst zu werden, vor ein paar Tagen hat er weinend auf das stinkende Zellstoffbündel gezeigt. *Es ist schrecklich, dass Du das jetzt tun musst.* Ob er wirklich genau weiß, was er da sagt? Gelegentlich beginnt er Sätze, die eine logische Fortentwicklung versprechen: *Weißt Du, ich würde jetzt gern ...* Weiter kommt er nicht mehr, kein Anlass zur Hoffnung, da hat sich irgendwo im Hirn ein Überbleibsel der einstigen Sprechkunst, ein vage erinnerter Konjunktiv, eine syntaktische Hohlform gelöst, so wie es John Bayley in seiner *Elegie für Iris*, dem Erinnerungsbuch an seine Frau, die alzheimerkranke Schriftstellerin Iris Murdoch, frei von Illusion beschrieb. *Die klar verständlichen Sätze wirken wie letzte Worte, gesprochen, bevor alle Lichter ausgehen.*

Er zuckt mit den Schultern, die grau-blauen Augen fixieren nichts mehr, sie schauen ins Leere. Manchmal aber wird er wütend, presst eine schmerzverzerrte Grimasse ins schmal gewordene Gesicht. Er ballt die Fäuste, noch einmal ein Aufbäumen der Vitalität. Er schreit, haut und spuckt um sich. Die Verzweiflung mobilisiert ungeahnte Kräfte. Wenn er trifft, hat meine Mutter am nächsten Morgen blaue Flecken. Mit über 80 ist auch sie eine Frau, die geschlagen wird. Häusliche Gewalt steht am Ende dieser Vorzeige-Ehe. *Er kann doch nichts dafür.* Wie viel Kraft mag es sie gekostet haben, sich diesen Satz einzuhämmern, der Erleichterung schafft – und die Entmündigung des Partners für immer besiegelt. Die Krankheit hat längst auch jene Friedfertigkeit zerstört, für die sein Name einmal stand – und die er lebte. Aber diese Vorzeit hat er lange vergessen. Er kennt keinen Frieden mehr. Meine Mutter sagt verstörend direkt: *Er ist nicht mehr der Mann, den ich liebte.*

Es gibt aber auch jene ganz einsamen Nächte, da kommt er durch – bis ganz nach oben. Wenn, selten genug, die Müdigkeit auch über meine 81jährige Mutter triumphiert, dann stromert er bis ins Obergeschoss, das früher einmal sein Reich war. Das spartanische Schlafzimmer unter der Dachschräge, mit Bett, Tisch und einer Tafel Schokolade. Die riesige Bibliothek, das Herzstück des Hauses, in der sein Fernseher steht und sich auf rund 120 Regalmetern die Weltliteratur ballt. Das meiste auf nicht eben schonende Art durchgearbeitet, zigtausend Seiten, mit wilden Kugelschreiberstrichen, Kreuzen und Ausrufezeichen traktiert. Bloß kein Lineal! Wurde ein Exemplar über die Jahre mehrfach zur Hand genommen, dann griff er einfach zu einer anderen Farbe. Der *Stechlin* oder der *Zauberberg* sind, jedem Bibliophilen ein Gräuel, zu wahren Malbüchern mutiert: Grün, schwarz, blau, rot – und Bleistift natürlich. An den Seitenrändern Kürzel und Hieroglyphen, die kein anderer entziffern konnte als er.

Selbst der Balkon: ein literarischer Ort, den er stolz und ein ums andere Mal neu ergriffen jedem Besucher zeigte, weil man von dort bei gutem Wetter auf der einen Seite Hölderlins Alb, auf der anderen die Wurmlinger Kapelle sehen kann. *Ihr wisst ja, Uhland.* Und die Besucher nickten artig. *Traurig tönt das Glöcklein nieder, schauerlich der Leichenchor; stille sind die frohen Lieder, und der Knabe lauscht empor.* Er hat es hundertfach zitiert.

Die Privatbibliothek, sein *alter ego*, so hat er wörtlich gesagt, das Studierzimmer, das er so schmerzlich vermisste, wenn er länger als eine Woche nicht in Tübingen war: an diesen Ort, an dem er einst Hof hielt, Freunde und Bewunderer empfing und, wenn er endlich wieder allein war, seine imaginären Dialoge vorantrieb, die von ihm so geliebten Zwei-Personen-Stücke aus dem Totenreich, in denen er Lessing und Heine, Voltaire und Friedrich den Großen miteinander parlieren ließ, an diesen Ort, an dem für meinen Vater – mir eher fremd – Lesen und Leben verschmolz, die Existenz aus zweiter Hand über die aus erster triumphierte: *Vergiss nicht, Tilman, Kant ist sein Lebtag nicht über Königsberg herausgekommen!* – an diesen Zufluchtsort der Bücher, den, mag sein, einzig vertrauten Winkel in dem weiträumigen Haus mit seinen sieben Halbgeschossen hat er sich zurückgezogen, selbst als er vor zwei Jahren das Lesen langsam verlernte und nicht mehr in der Lage war, die komplizierte Verriegelung zu seinem Uhland-Balkon zu öffnen: *Ich geh dann mal nach oben.*

Heute weiß er nicht mehr, wo oben und unten ist, aber, wenn ihn niemand aufhält, dann findet er nachts den Weg in seine Bücherwelt, setzt sich noch einmal auf den schweren Sessel mit der hohen Lehne, den er sich zum 80. mit Schweinsleder hat überziehen lassen. Hier sprach er ex cathedra, hier hat er Hunderte von Fernsehstatements gegeben. Über Fußball und Fontane, über Jesu zeitlose Botschaft und Jenningers törichte Rede, über die Sympathisantenhatz im deutschen Herbst, über Beckmesser im Bayreuther Sommer, ja sogar über die Landung auf dem Mond. Mich schaudert bei dem Gedanken, er könne sich entsinnen, was er auf eben diesem Stuhl 1996 für die Totensonntags-Sendung im ZDF mit dem Ausdruck innerster Überzeugung formulierte: *Ich glaube nicht, dass derjenige, der am Ende niemanden mehr erkennt von seinen nächsten Angehörigen, im Sinne des Humanen noch ein Mensch ist. Und deshalb denke ich sollte jeder bestimmen können, dann und dann möchte ich, dass ich sterben darf.*

Noch so ein Archiv-Stück! Ich spule die Sätze, die mich traurig und die mich wütend machen, immer wieder auf meinem DVD-Player vor und zurück. Ja, mein Vater ist heute der, den Walter Jens auf seinem Lederthron 12 Jahre zuvor im dunklen Blazer beschrieb. Seine Angehörigen sind ihm entschwunden. Das einst so phänomenale Gedächtnis hat seine Funktion eingestellt. Er weiß nicht mehr, wer er ist. Aber ist er darum, wie in der flotten Fernsehthese behauptet, kein Mensch mehr, im Sinne des Humanen? Manchmal huscht ein Lachen über sein Gesicht, wenn wir uns sehen. Vor ein paar Wochen hat er mir beim Abschied wie früher ein leises *Tschüß, mein Jung* nachgerufen. Ob er sich in seinem Dunkel doch an seinen ältesten Sohn erinnert? Ich ertappe mich, wie ich mich an die Illusion klammere, dass ich ihm unverwechselbar geblieben bin, doch vermutlich wird es so grausam banal sein, wie es meine Mutter in ihrem STERN-Interview, diesem Dokument eines verstörenden Abschieds, gesagt hat: *Ich bin ihm irgendwie vertraut, das spüre ich, so vertraut wie ein altes Möbelstück.*

Er wird nicht mehr erwachen aus seinem tiefen Seelenschlaf. Er ist, wie er einst müde Zeitgenossen bildhaft zu charakterisieren pflegte, *ein Schatten seiner selbst.* Ihm, dem Gedächtniskünstler, kam sein kostbarstes Gut, das Arbeitskapital, die Macht der Erinnerung abhanden. Wie gottgleich gewiss war er sich, dass er noch auf dem Totenbett den *Eimsbüttler Sturm*, die Fußball-Idole seiner Hamburger Jugend, werde aufzählen können – und wie anders sollte es kommen. Die Computer-Tomographie zeigt düstere Flecken im Schädel: die untrüglichen Abbilder der Demenz, Plaques, Proteinablagerungen in den Nervenzellen, die das Gehirn eines Mannes zielstrebig zerstören, dem seine Mutter, Anna, die Volksschul-Lehrerin, von frühester Kindheit eingebimst hatte, dass er nur eine einzige Chance habe: *Du bist unbeholfen, Du bist ängstlich, Du machst, gebückt durch Deine Asthma-Krankheit, eine schlechte Figur, also musst Du ein Geistesriese werden.*

Das hat ihn geprägt. Er lebte mit den Gestalten, die ihn in seiner Bibliothek erwarteten, als seien diese aus Fleisch und Blut; er ist an mir verzweifelt, als ich mich mit elf Jahren noch immer nicht recht für Effi Briest und deren verhängnisvolle Affäre mit Major von Crampas zu erwärmen vermochte; er hatte viel Phantasie, eines aber hat er sich mit Gewissheit nicht vorstellen können, ein Dasein ohne Sprache, ohne polemischen Streit, ohne freundliches Gespräch – und ohne die Arbeit am Schreibtisch vor allem: *Nicht-mehr-schreiben-zu-können heißt: Nicht-mehr-atmen-zu-können. Dann möchte ich tot sein. Wenn ich nicht mehr schriebe, es auf lange Zeit nicht mehr könnte, dann ist es Zeit zu sterben, ohne falsches Pathos.*

Szenen meiner Kindheit werden wieder lebendig. Bei Tisch galt, schon in der Mietwohnung auf dem Waldhäuser, nur das eine Tabu: Weh Dir, Du schweigst! Wer stumm vor sich hinlöffelte, wurde wenig später – ob es sich nun um einen Spielfreund oder um einen Universitätsprofessor handelte – als dumpfer Zeitgenosse gebrandmarkt und brauchte nicht wiederzukommen. Stille, für meinen Vater, den Wortmenschen mit so viel Herz und Emotion, ein Alptraum! Das neugierige Parlieren galt als Synonym eines behaglichen Lebens. Fontanes gern zitierter Satz *Wer am besten redet, ist der reinste Mensch* hatte auch mich bald infiziert. Als der kaum Schulpflichtige einmal befragt wurde, was für ihn das

Schönste sei, antwortete er: *Unnerhalten.* Was denn auch sonst!

Verpönt daheim war die Zurschaustellung des sich Anfang der 60er Jahre langsam abzeichnenden Wohlstands. Morgens wurde im Keller Kohle geschippt, um die Etagenheizung zu befeuern. Die Wohnungseinrichtung war vornehmlich praktisch. Im Hohlraum unter den harten, PVC-bezogenen Ess-Bänken ließen sich die Wintermäntel verstauen. Im Wohnzimmer stand eine Polstergarnitur in vor sich hinbleichendem Grün. Das schönste Möbel war der Fernsehapparat. Der Mann, der ab 1963 für die ZEIT unter dem Pseudonym *Momos*, als wiedergekehrter Antike-Gott des Tadels, das Programm von ARD und ZDF meinungsfreudig rezensierte, hielt den eigenen Bildschirm, als ob er sich seiner schäme, in einem Kiefernschränkchen versteckt, dessen Türen meist, zumal wenn Besuch kam, verschlossen waren. Dann sah das Teil wie eine heimliche Hausbar aus, die es bei Familie Jens natürlich nie gegeben hat.

Die Mahlzeiten: bescheiden, die Aufläufe meiner Mutter: gewöhnungsbedürftig, von der selbst eingekochten Marmelade zu schweigen. Bauernrauch-Mettwurst, entkernte Oliven am Abend: der Inbegriff von Luxus. Alkohol gestatteten sich die beiden allenfalls in winzigen Mengen. Drei Achtel Mosel, *Brauneberger Juffer* – der Hauswein Fontanes (wundert es wirklich?) – erfüllten bereits den Tatbestand der Maßlosigkeit und wurden am nächsten Morgen kleinlaut kommentiert. *Sinnlos berauscht* seien sie gestern gewesen.

Askese als Lebensprinzip. Selbstbescheidung noch im Sommerurlaub auf Sylt. *Angestoßene Pfirsiche tun es auch.* Für zwei Mark gab's eine riesige Tüte bei Spielmann, dem sonst sündhaft teuren Obsthändler in Kampen. Sollen die Freunde und Bekannten, Augstein, Menge, Höfer und Co, doch getrost im Gogärtchen, in der Kupferkanne oder in Valeska Geerts Ziegenstall verkehren: Mutter stand in der engen Küche des Ferienhauses am Watt und hat die faulen Stellen aus dem Fruchtfleisch geschabt. Geschmeckt hat es übrigens trotzdem. Ein spätes Bemäkeln meiner Kindheit wäre grober Undank, nur ein wenig seltsam war sie halt doch.

Nach Sylt kam man der Luft wegen, die dem Asthma meines Vaters gut tat, wegen der blühenden Heide, der Sonnenuntergänge am Meer … und weil meine Mutter nun einmal gerne Sandburgen schippte. Man reiste von Tübingen – wenn auch bis Hamburg mit Chauffeur – im grauen DKW auf die Insel, den Kofferraum vollgepackt mit Konservendosen, weil das Einkaufen in Westerland so unvernünftig teuer sei. Ein ökonomisches Leben noch in der Sommerfrische. Der Nachmittags-Spaziergang zum Watt war Zerstreuung genug, ansonsten wurde wie gewohnt gearbeitet – und jeden Dienstag ein schon mehrfach gehaltener Vortrag aus der Tasche geholt, um tief in den Dünen im Festsaal der ewig jugendbewegten Volkshochschule Klappholttal ans Rednerpult zu treten. Ganz ohne Auditorium hätte er es die sechs Wochen dann doch nicht ausgehalten – außerdem ließe sich auf diese Weise – so mein Vater, Sohn eines Hamburger Bankdirektors – wenigstens ein Teil der aufwändigen Nordsee-Reise von der Steuer absetzen.

Reell, eines seiner liebsten Worte, hatte sich, nicht nur in den Ferien, das Dasein zu gestalten. Sie haben Wasser gepredigt und Wasser getrunken. Walter Jens schaue aus, als nächtige er auf dem Nagelbett, hat ein Gesellschaftsreporter geschrieben und das vermutlich richtig böse gemeint. Der Bespöttelte indes wird's als Kompliment genommen haben. Ja, in der Rolle des Exoten, der dennoch dazugehört, sah er sich gern.

Der einzig statthafte Exzess galt der Arbeit. Wenn mein Vater schrieb – und sich, bevor 1965 ein eigenes Haus gebaut wurde, in die Dachkammer der Hausserstraße 97 zurückzog – dann entschied über Euphorie oder tiefste Verzweiflung einzig die Anzahl der auf der uralten *Erika* in einzeiligem Abstand durchlöcherten, handschriftlich immer wieder verbesserten Seiten. Verstanden habe ich meist wenig, und lauschte doch staunend dem beim Abendbrot emphatisch gestikulierenden Mann, der da am Ende eines langen Tages, vor einer Tasse Pfefferminztee sitzend, seine Worte und deren Klang noch einmal prüfte, in der linken Hand die nicht eben akkurat mit Klebstoff oder Tesafilm zusammengeleimten Blätter, in der rechten den Bleistift für die letzte Korrektur.

Stockte die Produktion ernstlich, wurde – in meiner Gegenwart, versteht sich – die große Sinnkrise, mehr noch: der Mut eines Ernest Hemingway beschworen. Der habe sich, so der Vater zu seinem siebenjährigen Sohn, in einem letzten Gnadenakt erschossen. Ein Schriftsteller, dem nichts mehr einfalle, der sei verloren. Das Genie, also auch er, taumele eben am Abgrund. Keine sonderlich beruhigende Aussicht. Auch die Wahl meines Vornamens erschien bald in einem sonderbaren Licht. Ich sei nach Tilman Riemenschneider benannt. Noch so ein Mann mit einem düsteren Künstlerschicksal.

Jahre bevor ich in Rothenburg das erste, von meinem Namenspatron geschnitzte Altarbild zu sehen bekam, hat mir mein geschichten-versessener Vater erzählt, der Holzschneider aus Franken habe seine Aufsässigkeit im Bauernkrieg teuer bezahlt. Die Feudalherrn hätten ihm die Hände abgehackt, damit er keine rebellischen Bildnisse mehr schaffen könne. Eine blutige Parabel über Geist und Macht, die, was ich damals nicht ahnte, allerdings nicht ganz der historischen Wahrheit entsprach.

Ich aber führte früh ein bewegtes Leben. Es muss im

Sommer 1963 gewesen sein, als sich mein Vater eines Abends an mein Bett setzte und ein eigentümlich verschwörerisches Gesicht machte. Er müsse mir etwas sagen. Aber nur, wenn ich verspräche, es keinem Spielfreund weiterzuerzählen. Großes Männer-Ehrenwort! Nun, Hans Mayer aus Leipzig habe seine gesammelten Manuskripte an *Onkel Neske*, den Verleger in Pfullingen, geschickt. Mir sei gewiss klar, was das bedeute. Vermutlich habe ich aufgeregt genickt. Hans Mayer, den kannte ich. Das letzte Mal hatte er mir drei wunderbare Bücher aus holzig rauem Papier mitgebracht, in denen es einen strengen Volkspolizisten gab und es vor jungen Pionieren nur so wimmelte. Deren tapferster hieß Alfons Zitterbacke, der Titelheld aller drei Bände.

Dass Mayer, wenn er nicht gerade Kinderbücher kaufte, sich auch noch mit Büchner und Brecht beschäftigte, Kurt Tucholsky persönlich gekannt hat und ein selbst in Peking berühmter Mann war, Staatspreisträger der DDR obendrein: Von alldem hatte ich, kurz vor meinem neunten Geburtstag, keinen blassen Schimmer – was meinem Vater, von dem ich auf eine sehr eigene Weise das Leben erlernte, wiederum unvorstellbar gewesen sein dürfte. Der jedenfalls hielt es für ein Gebot der Fairness, seinen kleinen Sohn über die bevorstehenden Veränderungen im deutsch-deutschen Literaturbetrieb in Kenntnis zu setzen: *Timchen, der Hans wird fliehen.*

Ich denke, das solltest Du wissen. Licht aus und gute Nacht. Da lag ich nun mit Papis geheimer Botschaft. Mayer Leipzig. Flucht im Dunkeln. Große Zitterbacke. Immerhin, jetzt war es Gewissheit: Dichter und Denker leben gefährlich.

Hilflosigkeit ist immer schwierig, bei einem Kind, bei einem Freund, doch die Hilflosigkeit eines alten Menschen, der einmal solche Kräfte besessen hat – besonders die eines Vaters ...

Philip Roth: Mein Leben als Sohn, 1995

II. Fontane war gestern

Ende 2003 kam die große Traurigkeit. Seit seinem 80. Geburtstag war beinah ein Jahr vergangen, die Glückwünsche und Zeitungs-Elogen verstaubten im alten Holzschrank unter dem Dach. Die Biographie über *Frau Thomas Mann*, der erste wirkliche Bestseller – nicht das Werk eines Einzelkämpfers, sondern in partnerschaftlicher Auseinandersetzung mit seiner Co-Autorin, meiner Mutter, entstanden – begann sich langsam aus der Spiegel-Liste zu verabschieden. Das Medieninteresse dümpelte vor sich hin, die Branche hatte andere Interpreten des Zeitgeistes gefunden, was er selbst noch vor ein paar Monaten in einem Interview, nicht frei von Verbitterung, persiflierte … *Der einzige, der einmal im Jahr anfragt, ist Paul Sahner, der einen Rückblick in der »Bunten« haben will.*

Die Arbeit an den immer wieder angekündigten, immer wieder verschobenen Memoiren stockt. Die Erklärungen des sonst so Zuverlässigen bleiben dürftig. *Ich merke, Du kannst Dich als der, der Du bist, nicht zeigen … das Leben eines Gelehrten ist relativ eintönig und langweilig.* Und, hatte er seine Autobiographie nicht bereits geschrieben, mitgeschrieben zumindest? War der Erfolgstitel *Frau Thomas Mann* nicht auch ein kunstfertiges Bekennerschreiben, das unschwer als höchst private Konfession zu dechiffrieren war: das Portrait einer Künstler-Ehe mit klar fixierten Rollen?

Über dem Schreibtisch meiner Mutter hängt ein rares Sammlerstück, die originale Briefkarte mit dem in Ehrfurcht verunstalteten Namen der Nobelpreisträger-Gattin. Sie hat sich am Ende tatsächlich nicht mehr als Katia, sondern als Funktion ihres überlebens-großen Zauberers gesehen. Die Ehefrau als erste Dienerin des Werks: *Frau Thomas Mann*, wie denn auch anders! Da gibt es kuriose Parallelen. Gewiss, meine Mutter ist lang schon eine in ihrer Eigenständigkeit selbstbewusste und souveräne Frau. Eine Editorin vor dem Herrn. Mein Vater konnte stolz sein und war das auch, ganz bestimmt.

War stolz und konnte stolz sein: Ich zucke zusammen. Ich ertappe mich immer wieder, wie ich beim Nachdenken über meinen demenz-kranken Vater, statt ihn im Präsens leben zu lassen, ihn im Präteritum, der ewigen Vergangenheitsform, einsarge. Ich weiß, er atmet, er ist bei Bewusstsein, er zieht nachts im Haus seine einsamen Runden, er freut sich an Schokolade und Kuchen, aber er wird nie wieder sein, der er einst war. Er lebt weiter als Schatten. Als Erinnerung. Und als mächtiges Türschild daheim neben dem Briefkasten. WALTER JENS, zehn Kupfer-Versalien, auf denen lang schon die Patina schimmert. Noch so ein Geschenk meiner Großeltern, mütterlicherseits, zum Umzug in die Sonnenstraße vor gut 40 Jahren. Meine Mutter ließ das Teil klaglos montieren. *Wohnt denn hier niemand anders?* – hat Hans Mayer einmal erstaunt nachgefragt. Leben hier nicht Inge und Walter, und früher auch einmal ihre Söhne Christoph und Tilman? Das Schild aber zeigt der gelehrten Welt: Von Kilchberg am Zürisee bis auf den Tübinger Apfelberg sind's nur ein paar gedachte Meter. Frau Walter Jens!

Herrn Walter Jens steht Ende November 2003, ein halbes Jahr nach seinem 80. Geburtstag, gewaltiger Ärger ins Haus. Eine Nachricht, von der zu reden sein wird, sorgt bei manchem für Erstaunen, bei vielen für Entsetzen: Walter Jens, der Solitär und Einzelgänger, der couragierte Nein-Sager über Jahrzehnte, ist im September 1942 der NSDAP beigetreten und hat darüber, das scheint der Knackpunkt, fast 60 Jahre lang geschwiegen.

Warum nur? So viele, auch seiner Freunde, warten auf eine Erklärung. Er aber mag nicht reden, er kann sich nicht erinnern. Punktum. Das Weihnachtsfest wird furchtbar. Er fühlt sich schlecht, zu Unrecht attackiert. Er hat Beklemmungen, einen bleiernen Schmerz in der Herzgegend. Es fällt ihm schwer, einem Gespräch länger als zehn Minuten zu folgen. In den folgenden Monaten wird er zunehmend unruhig, rennt scheinbar ziellos durchs Haus, um irgendetwas zu suchen, und kehrt dann Minuten später meist mit leeren Händen zurück. Die Ärzte sprechen von einem seltsamen Rückfall, den man aber, sobald die richtige Medikamentation gefunden sei, gewiss bald in den Griff bekommen werde.

Schon einmal, 1986, kurz vor der Emeritierung, war mein Vater in tiefe Schwermut gefallen, gefangen, so hat er selbst zu beschreiben versucht, in einem *Gefühl totaler Isolation, Nicht-Freude-nicht-Interesse-empfinden-Können, vom Unvermögen, sich vorzustellen, es könne jemals wieder Kreativität geben.* Er, der vor kurzem noch mit höchstem Genuss vor über tausend Zuhörern im Festsaal der Universität sein Kolloquium hielt, das ob des Andrangs gelegentlich in zwei weitere Hörsäle übertragen werden musste, schafft es nun kaum, im kleinen Hechingen einen bis zur letzten Silbe vorformulierten Vortrag abzulesen.

Selbst in sein Rhetorik-Seminar traut er sich damals nicht mehr. Er ruft aus dem Brechtbau an. Er weint, weiß nicht mehr ein noch aus. *Ich kann es nicht. Es geht nicht. Die sollen nach Hause gehen.* Dass er die 90 Minuten mit den Studenten dann doch durchsteht, kann er sich selbst nicht erklären. Am Mittagstisch stiert er schweigend auf seinen Teller. *Wer am besten redet, ist der reinste Mensch.* Fontane war gestern. Er hat, wenn er überhaupt noch spricht, nur das eine Thema, die Depression, die dumpfe Angst.

Er *will weiße Kittel sehen*, ist fast täglich beim Psychiater. Obwohl es bis zur Klinik nur ein kurzer Weg ist, muss ihn meine Mutter mit dem Auto bringen. Alleine wagt er sich nicht mehr aus dem Haus. Und auch nicht in die Therapie. Von nun an werden Psychopharmaka sein Leben begleiten. Die Albträume des damals 63jährigen aber trotzen dem hochdosierten Saroten. Ihn quält die Stimme einer Toten, die 1961 in einem Schweizer Hospital in elender Depression gestorben war: Anna, die Mutter, die einst all die eigenen unerfüllten Träume auf ihren ältesten Sohn projizierte. Er hört den immergleichen Vers ... »*Du gehst der Mutter dunklen Weg, du gehst der Mutter dunklen Weg.*« *Sie rief und lockte mich:* »*Komm, mein Junge, komm.*« *Jetzt forderte sie ein, was sie mir einmal gab.* »*Geh meinen Weg!*«

Damals in den 80er Jahren ist er aus dem großen schwarzen Loch herausgekommen – und hat seine Befreiung aus der gesellschaftlich tabuisierten Krankheit kundgetan, so wie er es gewohnt war: in öffentlicher, zugespitzter Rede. Eine Depression sei *nicht ehrenrühriger als eine Prostatavergrößerung*. Warum denn auch? Allein in Deutschland leiden, Schätzungen des Bundesgesundheits-Ministeriums zufolge, rund vier Millionen Menschen an dieser Traurigkeit, die töten kann. Ihnen wollte der prominente Patient, der die Rolle des Aufklärers so liebte, sein persönliches Rezept mit auf den Weg geben. *Da braucht man seine Frau am dringendsten, man braucht einen verständigen Arzt, und man braucht die Chemie. Antidepressiva sind ein ungeheurer Segen.* Er konnte genau, ohne Scheu vom eigenen Leben erzählen – und auch von dessen Blessuren, von der Schwermut, vom schweren Asthma-Leiden, das ihn vom ersten Atemzug an plagte. Der Kinderarzt hatte Mutter Anna prophezeit, ihr Walter werde, wenn kein Wunder geschehe, das 30. Lebensjahr kaum erreichen. Wie oft hat er, auch öffentlich, von seinen alljährlichen Aufenthalten im Kindersanatorium Königsfeld, von seiner Urangst gesprochen, in der Stunde des Todes qualvoll zu ersticken.

Sieht so ein langweiliges, eher eintöniges Gelehrtendasein aus, das, wie er behauptete, die Erinnerungsarbeit einer Autobiographie nicht lohne? Einem Kollegen hätte er, mit seinem sicheren Gespür für falsche Töne, eine Ausrede wie diese kaum durchgehen lassen. *Ich merkte, Du kannst Dich als der, der Du bist, nicht zeigen …* Die Tragweite, das Geheimnis dieses Satzes vom Februar 2003 sollte sich mir erst ein knappes Jahr später erschließen.

Immerhin, Trost in den trüben Monaten des Jahres 1986 fand mein trauriger Vater wieder einmal bei seinen Büchern. Die Bibliothek mit dem Blick ins Weite bewährte sich als letzter Hort von Sicherheit. In seinem hölzernen Schaukelstuhl, dem Vorläufer des braunen Ledersessels, hat er Dostojewski und Robert Walser, vor allem alte Lehrbücher der Psychiatrie studiert, die Krankenblätter von Leidensgenossen. Mehr als aus den verhalten optimistischen Prognosen seines Tübinger Arztes hat er etwa aus dem Bericht von der Wiedererweckung des tief depressiven Max Weber Zuversicht geschöpft. Eines Tages habe Marianne, seine Frau, bemerkt, *wie er zum ersten Mal wieder einen Bleistift in die Hand nahm und anfing zu kritzeln. Sie schaute ihn an und wusste: Er fing wieder an zu leben.* Es war zu der Zeit eine seiner liebsten Geschichten.

Nach knapp einem Jahr, im Frühsommer 1987, fing auch er wieder an zu leben, behutsam wieder Kontakte mit der Außenwelt zu knüpfen. Er begann wieder zu schreiben. Und zum Zeichen der Dankbarkeit, den Seelenqualen entkommen zu sein, hat er wenig später auf einer Psychiater-Fachtagung in Baden-Baden den wohl heitersten Vortrag seiner langen Redner-Karriere gehalten. Eine Eloge auf die Freude, auf *das Post-Depressivum, das Gegenelement zur Schwermut, die nicht nur die Freude selbst vertreibt, sondern sogar die Hoffnung zerstört, man werde sich je wieder freuen, also arbeiten, also leben können.*

Als der Hymnus in einem Sammelband mit widerspenstigem Titel erscheint (*Einspruch – Reden gegen Vorurteile*), zeigt der Schutzumschlag ein völlig unbekanntes Foto meines Vaters: kein bedeutsam-dynamisch dreinschauendes Rhetor-Gesicht, sondern einen rundum vergnügten Herrn mit ziemlich zerzaustem Haupthaar. Er lächelt nicht. Er lacht, er feixt, er hält die Augen beinah geschlossen vor lauter Entzücken. Dem kann so schnell nichts mehr etwas anhaben. Der scheint wie von Sinnen ob des *Glücks der wiedergewonnenen Arbeits- und Lebensfreude nach dem Verstummen in Schwermut und Trübsal. Das ist ... für den Künstler ein Zustand, mit dem Leben beginnt, das diesen Namen verdient: Ohne ein Minimum von Freude ist die Qual, seine Qual nicht benennen zu können, unüberwindbar.*

Von der wiedergewonnenen, so euphorisch begrüßten Freude ist ihm seit dem Winter 2003 nichts mehr geblieben. Er mag, er kann nicht mehr arbeiten. Er weiß: Das Lebenswerk ist in der Scheuer. Allein das Verzeichnis eigener Schriften umfasst mehr als 60 Titel. Andere würde das glücklich machen, ihn macht es verzweifelt. Oft muss er weinen. Jetzt rächt sich das über Jahrzehnte verinnerlichte Künstler-Credo, dass Schreiben identisch mit Atmen, Nicht-mehr-Schreiben identisch mit Totsein ist. Walter Jens hat nun einmal keinen anderen Leidvertreib, kein Hobby, außer Spazierengehen vielleicht. Doch auch die tägliche Runde am Heuberger Tor, das Zwiegespräch mit meiner Mutter, diente letztlich vor allem dem Zweck, begeistert Pläne für einen neuen Vortrag, ein Buchprojekt zu schmieden – und diese schon am nächsten Tag bisweilen nicht minder emphatisch wieder zu verwerfen, weil eine andere Idee auf einmal viel reizvoller erschien. Nun aber sieht er keine Zukunft mehr.

Sein alter Psychiater, der ihm einst beistand, ist pensioniert. Mit dem Nachfolger kann er nicht. Aber vielleicht haben die Beklemmungen ja auch ganz profane Ursachen. Ob es nicht doch der Herzmuskel sein könnte? Kardiologen werden bemüht, Gutachten und Gegengutachten eingeholt. Irgendetwas muss sich doch finden. Der langjährige Hausarzt seufzt, sein Patient habe das bestuntersuchte Herz im gesamten Landkreis Tübingen. Monate vergehen – ohne Befund. Meine Mutter – nun auf einmal sie! – entwickelt ehrgeizige Pläne für ein neues gemeinsames Buch. Die Kräfteverhältnisse zwischen den beiden beginnen sich nach über 50 Ehejahren dramatisch zu verschieben. Das stabilisiert den Seelenfrieden nicht.

Er schwankt zwischen Aggression und Apathie. Er achtet nicht mehr auf sein Äußeres. Er klagt und beklagt sich, er neigt, wie es die Demenz-Forschung nennt, zu *herausforderndem Verhalten*. Er verlangt von meiner Mutter Dauerpräsenz. Er geht ihr zum ersten Mal auf die Nerven. Immer neue Psychopharmaka, längst sind es wahre Cocktails, werden ausprobiert, gelegentlich auch ohne ärztliche Rücksprache. Auf dem Teewagen im Esszimmer stapeln sich die Blister mit Dragees aller Farben. Mein Elternhaus mutiert zur Krankenstation.

Den Neujahrstag 2005 werde ich niemals vergessen, den Tag, als ich Abschied nahm von meinem Vater als Redner. Das erste Mal hatte ich ihn, ich gebe zu: nicht ganz freiwillig, 1963 in Stockholm gehört. Da war er für vier Wochen Gast der Universität – und ich durfte meine Eltern nach Schweden begleiten, besuchte die Deutsche Schule im Karlavägen, wo es sogar Mittagessen gab. Dieser Monat war das Sahnestück meiner Kindheit. Mit acht zum ersten Mal im Ausland und dabei beglückend oft auf mich selbst gestellt. An einem Abend aber musste ich mit. Walter Jens sprach über Büchner. Ich erinnere mich nur noch an eines: Für den gerade in die vierte Klasse versetzten Schüler der Dorfackerschule in Tübingen-Lustnau war es eine ziemlich lange Rede. Aber stolz auf den Mann da vorn am Katheder war ich doch.

42 Jahre später sitzen wir im Zug nach Aachen. Am Morgen nach Sylvester sind nicht viele Menschen unterwegs. Mein Vater kauert sich in einen Sessel des Großraum-Wagens. *Es hat keinen Zweck. Ich schaffe das nicht.* Wie oft hat er diesen Vortrag absagen wollen in den letzten Wochen, in denen er sich abquälte mit einem gerade einmal 25minütigen Zwischenruf für das Neujahrskonzert in der Karlstadt. Eine Improvisation über Beethovens Neunte, ein freudiges Grußwort zwischen dem drit-

ten Satz und Schillers Finale. Eigentlich kaum mehr als rhetorische Fingerübung. Er hat doch damals im Zeichen der überwundenen Depression alles zum Thema gesagt, über die *Freude zwischen Seelenrührung und exstatischem Triumph*. Er hätte doch die euphorische Rede von einst nur ein wenig fürs Konzerthaus überarbeiten müssen. Aber er hat den alten Text, der vom eigenen, strahlenden Sieg über die Traurigkeit erzählt, nicht mehr zur Hand genommen. Ich denke, schon das lachende Gesicht auf dem Buchumschlag hätte ihn zum Weinen gebracht. Die Jahre des Frohsinns sind für immer vorbei.

Kurz hinter dem Bahnhof Montabaur klopft mein Vater hektisch, seltsam getrieben die Taschen seines Jacketts ab, durchwühlt seine abgewetzte braune Brieftasche, in der er seit Jahrzehnten seine Überlebens-Utensilien verwahrte: Reisepass, Kontokarte, den Leseausweis für die Universitäts-Bibliothek, ein wenig Bargeld – und zwei Fotos in Schwarz-Weiß: seine Inge, jugendlich, daneben Anna mit ihrem grauen, zurückgekämmten Haar und den melancholisch zum Photografen schauenden Augen, eines der letzten Bilder der Mutter. Jetzt aber quellen jede Menge zerknitterte Zettel aus der kleinen Ledermappe. Mit zitternder Hand blättert er durch die über Monate gehorteten Rezepte. Die Verschreibungen stammen von unterschiedlichen Ärzten (nicht nur aus Tübingen) und fast alle ermöglichen ihm den Bezug von

Benzodiazepinen, jenen vornehmlich für akute Notsituationen indizierten Hypnotika und Tranquilizern, die in ihrem ganzen Spektrum – von Lexotanil über Valium bis Adumbran – als die Medikamente mit der höchsten Missbrauchsrate in Deutschland gelten.

Das Jahr fängt düster an. Die Pillen finden sich nicht, die dem 81jährigen, der gleich in einem feierlichen Toast den guten Geist der Freude hochleben lassen soll, zur letzten Hoffnung auf ein wenig Seelenruhe geworden sind. *Inge, wo ist das Tavor?* Das ist keine Frage mehr. Das ist ein Flehen. Meine Mutter deutet auf die schwarze Reisetasche. Für Sekunden huscht ein Lächeln über sein Gesicht. *Meinst Du, ich kann eine halbe haben?* Ich hole aus dem Speisewagen ein Glas Wasser, damit er etwas zum Nachspülen hat.

Ich glaube, in diesem Moment, ein paar Bahnkilometer vor Siegburg, hat der unwiderrufliche Abschied von meinem Vater – mit Peter Weiss: von der *Portalfigur meines Lebens* – begonnen. Selbstbestimmung, Unabhängigkeit im Denken und im Handeln – das waren, so lang ich mich an ihn erinnere, die Pfeiler seines Lebens, einer Existenz, die sich, er hat es so oft gesagt, der Tugend der Autonomie verpflichtet sah. Und nun sitze ich einem vertrauten, fremden Mann gegenüber, der um eine Tablette bettelt.

Er will, trotz Tavor, seine Rede nicht halten. *Inge, mach*

Du. Soll sie den Text über die Freude verlesen, diesen Versuch über einen Gemütszustand, den er nicht mehr aus eigener Empfindung kennt. Der Vortrag, der, weit weniger persönlich als 18 Jahre zuvor auf dem Kongress der Psychiater, *die Prophetie des song of joy* beschwört, scheint ihm unheimlich an diesem Neujahrs-Samstag. Schmerzhafte Erinnerung an bessere Zeiten. Oh Freunde, nicht diese Töne! *Es hat keinen Zweck mehr.* Der Veranstalter wird informiert. Notpläne werden geschmiedet. Meine Mutter verspricht, kurz vor Ende des 3. Satzes ein Zeichen zu geben. Dann werde man sehen. Immerhin, er ist gewillt, sich umzuziehen. Graue Hose, dunkelblauer Blazer. Er schleppt sich, nach unten gebeugt, in den Konzertsaal. Jetzt bloß niemanden begrüßen!

D-Moll, die Tonart, von der es heißt, sie sei dem Jenseits verhaftet. Beethovens Neunte beginnt. Über 1000 Aachener lauschen. Er döst. Er hat sich kurz zuvor noch eine weitere Beruhigungstablette erstritten. Im zweiten Satz öffnet er die Augen, zieht, routiniert, noch einmal das Manuskript aus der Jackett-Tasche, hier und dort ein paar letzte Bleistift-Striche. Der alte Rhetor erwacht, nickt seiner Inge zu, sie versteht: Der Einsatz heute geht an ihr vorüber. Lichtwechsel. Ein Scheinwerfer-Kegel auf das Redner-Pult. Beifall. Er ist nicht gut auf den Beinen, schafft kaum die Treppen auf die Bühne, scheint sich am Katheder festzukrallen.

Ein Lächeln fürs Publikum, ein persönlicher Gruß an den Dirigenten, kurze Pause. Dann hebt er bedeutsam die Hand und legt los, hier oben fesselt ihn keine Angst. Die Sätze sind noch immer gemeißelt. *Wir schreiben das Jahr 1784. Herbstzeit. Der junge Theaterdichter Friedrich Schiller, ein Flüchtling, zieht, in der Ankündigung zum Journal »Neue Rheinische Thalia«, die Summe seiner Existenz. Ein 25jähriger legt Rechenschaft ab und beginnt, wie's seine Art ist, mit einem Paukenschlag.*

Meine Mutter weiß nicht, ob sie lachen oder weinen soll. Er schafft sich durch seinen Text, kaum ein Versprecher, die bewährte Droge Publikum zeigt Wirkung. Aber wer von denen, die ihn hier erleben, wie er, scheinbar ganz souverän, über Beethovens Versöhnungs- und Zuneigungsgedanken reflektiert, wird sich vorstellen können, was sie durchmacht, wenn keine bewundernde Zuhörerschaft zugegen ist. Wie haben sich daheim, gerade in den vergangenen Monaten, die Wut- und Verzweiflungsausbrüche gehäuft. Im Kongress-Zentrum aber beschwört er die Freude, *den guten Geist der freien Menschlichkeit,* den es zu bewahren gelte. Beifall über Minuten. Meine Mutter sagt mir beim Rausgehen: *Mir glaubt doch jetzt keiner auch nur ein Wort.*

Das anschließende Abendessen im Kreise der Honoratioren steht er nur bis zur Suppe durch. Er ist traurig. Die Schau ist vorbei, keine Götterfunken mehr, nirgends.

Ich denke, er ahnt, das heute war seine letzte große Rede. Er will ins Bett. Er will allein sein. Bis ins Hotel sind es nur ein paar Meter. Er hat Angst, das Zimmer nicht zu finden. Ich begleite ihn. Wir stapfen durch die Nacht. *Du warst verdammt gut heute Abend.* Er lacht, legt den Arm auf meine Schulter. Es ist das erste Mal, dass er sich auf mich stützt.

Zurück in Tübingen eskalieren die häuslichen Verhältnisse. Vordergründig ist es ein Streit auf vertrautem Terrain: Es geht um ein Buch. Inge Jens, selbstbewusste Co-Autorin des Sellers *Frau Thomas Mann*, beharrt darauf, die Geschichte der Großfamilie des Dichters weiter zu erzählen, mit einer Recherche über das eindrückliche Leben der Hedwig Pringsheim, *Katias Mutter*. Ein urkomisches und am Ende tieftrauriges Kapitel aus dem deutsch-jüdischen Bildungsbürgertum. Walter Jens aber mag nicht mehr. *Ist doch alles nur aufgewärmt.* Das stimmt nun mit Gewissheit nicht. Aber er sucht nach Argumenten, um das Schwinden der eigenen Kräfte, die große Lähmung zu ummänteln.

Er wird wütend. *Dann schreib Du eben allein.* Er hofft, sie werde eben das nicht tun, nicht gegen seinen Willen. Er bekämpft die Angst mit immer mehr Pillen, mit jener *Chemie*, die er, bereits 1998 in einem langen *Spiegel*-Gespräch, fast schon metaphysisch verklärte. *Die neuen Medikamente sind Gottesgeschenke, kein Teufelszeug.* Er bekommt diese Gaben, seine »Benzos«, wie sein Hausarzt Tavor und Co. abkürzt, bei Bedarf auch ohne Verschreibung. Für einen Promi wie ihn gilt, was wir erst später herausfinden, in kaum einer Tübinger Apotheke Rezeptpflicht.

Meine Mutter schreibt allein. Nicht nur ohne ihn, sondern letztlich gegen ihn. So jedenfalls muss er es empfinden. Sie macht die Tür ihres Arbeitszimmers hinter sich zu. Sie bleut ihm ein, er dürfe sie für den Rest des Vormittags nicht stören. Er muss zum ersten Mal in seinem Leben gehorchen, sich, fast 82jährig, in eine ungewohnte und schmerzhafte Rolle fügen. Die Beklemmungszustände werden schlimmer. Er hält es zu Hause nicht mehr aus und macht daraus auch keinen Hehl. Die beiden Psychiater, die ihn von Freiburg aus betreuen, raten zu einem längeren stationären Aufenthalt in ihrer Klinik. Er willigt ein. Er kennt keine Scheu vor der Psychiatrie und hat sich bereits 2001 zu einer kühnen Interpretation auch des eigenen Schriftsteller-Daseins aufgerafft. Was kümmert ihn das Tübinger Professoren-Geschwätz. *Wenn die Kollegen mitunter sagten: »Der ist ja in der Psychiatrie«, konnte ich nur sagen: »Von meinen großen Kollegen in der Literatur waren die meisten in der Psychiatrie.« Ich wüsste fast keinen, der nicht in der Psychiatrie war.*

Also macht er sich auf, lässt sich im Februar über den verschneiten Schwarzwald in die Stadt seiner Studentenjahre bringen. In die Stadt seiner ersten Rettung. Hier hat er am 27. November 1944 den alliierten Bombenangriff auf Freiburg im Breisgau überlebt, ist dem Tod in dieser Nacht gerade einmal ein paar hundert Meter entronnen. Auf den Tag genau 50 Jahre später wird er sich in einem öffentlichen *Memento* im Kaisersaal des Historischen Kaufhauses an ein gewaltiges Totenhaus, an *ein Monstrum aus Mörtel und Staub* erinnern, das für einen wie ihn nur mit biblischen Analogien zu erfassen war: *Ja, so mag Gomorrha ausgesehen haben, am Tage danach.*

Jetzt kehrt er nach Baden zurück, auf dass er dort noch einmal das Leben entdecke. In der geschlossenen Abteilung. Die Ärzte geben sich optimistisch. Wenn es ihm gelänge, von den Benzodiazepinen loszukommen, das längst polytoxe Suchtverhalten zu durchbrechen, dann sei bald auf nachhaltige Besserung des Depressiven zu hoffen. Er kommt auf Entzug. Die Freiburger Psychiaterin lässt meine Mutter freilich wissen, dass es ihr sinnvoll erscheine, das neuerliche Buchprojekt über Hedwig Pringsheim fallen zu lassen. Die Umverteilung der Rollen, die Degradierung meines Vaters zum Zuschauer eines Schaffensprozesses, werde die Aussicht auf Heilung ernsthaft trüben.

Inge Jens aber ist Frau Walter Jens zu diesem Zeitpunkt schon über den Kopf gewachsen. Sie bleibt eisern und macht das, was mein Vater in vergleichbarer Situation auch getan hätte: Sie schreibt weiter (*Walter, wir haben einen Vertrag!*), sie orientiert sich an der Disziplin ihres seit über einem halben Jahrhundert Vertrauten, der Werner Höfer einst so bewunderte, weil er, als sei nichts weiter geschehen, verlässlich-routiniert seinen allsonntäglichen Fernseh-Frühschoppen moderierte, obwohl Stunden zuvor seine Frau gestorben war. Ein Auftritt ohne Tränen. Arbeitsethos, Pflichterfüllung als oberster Wert eines Lebens. Das hat ihm imponiert. *Tilman, der Mann ist ein Profi!*

Die Entwöhnung von den Benzodiazepinen ist hart. Er findet keine Ruhe, er läuft nachts in seinem kleinen Freiburger Krankenzimmer hin- und her. Er schimpft auf die neuen Schlafmittel, die nichts taugten. Meine Mutter durchkämmt derweil in Tübingen das Haus. Überall kleine Tabletten-Depots, Tavor in Schubladen, Anzugtaschen, ja sogar zwischen Fontanes Werkausgabe versteckt. Alles wird entsorgt. Sie merkt, welch immense Kraft die vergangenen Monate gekostet haben. Jetzt ist es *sie*, die beim Schreiben durchatmet. Doch viel Zeit bleibt ihr nicht. Die abendlichen Anrufe von Frau Professor, der behandelnden Psychiaterin aus Freiburg, verheißen wenig Gutes. Er will die Behandlung, die ihm weh tut, beenden – wenn ihm seine Frau nicht unverzüglich nachreise, sich zu ihm setze, mit ihm spazieren gehe, anstatt daheim über Hedwig Pringsheim zu brüten. Die Ärzte bitten sie dringlich.

Meine Mutter lässt sich erweichen, quartiert sich ein im Panorama Hotel. Der Blick auf die Winterlandschaft ist berauschend – doch die Wochen werden grausam. Morgen für Morgen macht sich die 78jährige auf in die Klinik nach Herdern, die Station ist gelegentlich noch verschlossen, dann hört sie ihm zu, wie er klagt, den erlösenden Tod herbeiwünscht. Sie tut es, so geduldig sie eben nur kann. Sie versucht ihn zu trösten, obwohl sie tief im Innern spürt, dass er nicht mehr zu trösten sein wird. Aber so viel Zeit sie ihm auch schenkt: Er will immer noch mehr. Er lässt sie nicht fort. Er stöhnt, er weint, er ballt verzweifelt die Faust. Er zieht die letzten Register. Er hat Angst, in seiner Angst zu ersaufen, wenn seine Inge nicht um ihn ist. Seine Inge indes lernt Abschied zu nehmen und sitzt bis spät in ihrem Zimmer, exzerpiert, gelegentlich auf den Briefumschlägen der nachgesandten Post, aus den Dokumenten zum außerordentlichen Leben der Hedwig Pringsheim. *Das Buch wird geschrieben.*

Warum nimmt sie niemand zur Seite und redet offen mit ihr? Über das, was auf ihren Mann und erst recht auf sie zukommt. Sie hört nur, er leide an einer atypischen Depression. Man sei auf gutem Wege. Aber die Symptome müssen, für die Ärzte zumindest, doch schon damals, spätestens Anfang 2005, eindeutig gewesen sein: der Verlust der Mitte, das ständige Getriebensein, dies für seine Nächsten nicht mehr zu begreifende Wanken zwischen Wut und Ohnmacht, die Traurigkeit ohne erkennbaren Grund zur Trauer, die schleichende Verwahrlosung, das Klammern an den Partner, diese, wie John Bayley in seiner *Elegie für Iris* schreibt, *entsetzliche Angst vor dem Alleinsein, die Angst, vor dem vertrauten Objekt auch nur für ein paar Sekunden abgeschnitten zu sein.* Die Forschung spricht nüchtern von *distanzlosem Verhalten*.

Aber keiner hat sich getraut, die Diagnose ohne Hoffnung zu stellen, das Tabu aus sechs Lettern klar zu benennen: DEMENZ, die Krankheit, derer man sich noch immer schämt, erst recht, wenn – wie bei meinem Vater – zur vaskulären Demenz, verursacht durch eine Vielzahl kleiner unbemerkter Schlaganfälle, auch noch ein Anteil Alzheimer kommt. Alzheimer – das Stigma schlechthin. Winzige Protein-Ablagerungen, die den Verstand auslöschen, die Zerstörung des Gehirns unaufhaltsam vorantreiben, den Verlust von Erinnerung und Sprache. Am Ende: Entortung, die unfreiwillige Rückkehr ins Stadium eines Kleinkinds. Das Alters-Siechtum, vor dem die Götter in Weiß kapitulieren. Das schleichende Sterben, das nach einer Studie des Robert-Koch-Instituts rund eine Million Deutsche ereilt. Die durchschnittliche Krankheits-Dauer, heißt es da, beträgt *vom Beginn der Symptome bis zum Tod 4,7 bis 8,1 Jahre.* Das ist nicht eben präzise – aber eindeutig doch: Der Weg führt beharrlich nach unten. Es gibt keine Chance der Heilung.

Doch die Aura der Prominenz, die vielen persönlichen Gespräche mit dem Patienten, all die in Dankbarkeit gewidmeten Bücher, die seit Jahren die Regale von vielen der behandelnden Ärzte schmücken, scheinen im Fall meines Vaters den professionellen Blick der Mediziner zu vernebeln. Sie bagatellisieren, verbreiten noch immer Optimismus. Wird schon wieder! Mag sein, mancher ist auch einfach nur feige. Über die Demenz einer Geistesgröße lässt sich tuscheln, freimütig reden offensichtlich nicht.

Selbst Karl-Josef Kuschels sonst so genaues Portrait aus dem Jahr 2008 *Walter Jens – Literat und Protestant*, das Werk eines mutigen Theologen, macht einen weiten Bogen um die Krankheit, die meinem Vater die Sprache nahm. Ein Genie mag taub werden wie Beethoven, dem Wahnsinn verfallen wie Strindberg, den Freitod wählen wie Hemingway, Celan oder Pavese – vertrotteln aber darf das Genie nicht. Walter Jens, der unbequeme Denker aus Tübingen, der Redner der Republik, als stammelndes Menschenkind mit dem Babyphon am Bett, da hüllt man sich lieber in Schweigen, als ob dies letzte Kapitel eines langen, reichen und wortreich geführten Lebens ehrenrührig wäre, eine Schande, die es unter den Teppich zu kehren gilt.

Lebensumstände: In der Mitgliederkartei der NSDAP verzeichnet (1942), Anhaltspunkte für die Aushändigung der Mitgliedskarte, die konstitutiv für die Mitgliedschaft wäre (§ 3, Abs. 3 Satzung NSDAP), liegt jedoch nicht vor, auch liegt ein unterzeichneter Antrag nicht vor.

Aus dem Artikel Jens, Walter,
in: Internationales Germanistenlexikon, 2003

III. Der Wisch

Am Totensonntag 2003, morgens um acht, klingelt das Handy. Ein hörbar aufgeregter Kollege aus Berlin. Er bekommt den *Spiegel* vorab. Ob ich Genaueres wisse? Ich bin müde und weiß nicht einmal, was er denn meint. *Dein Vater soll Mitglied der NSDAP gewesen sein.* Er liest mir aus einem langen Artikel vor, der sich mit dem neuen, im Auftrag des ehrwürdigen Deutschen Literaturarchivs Marbach herausgegebenen Germanisten-Lexikon befasst. Das monumentale, in siebenjähriger Arbeit entstandene Nachschlagewerk dokumentiere unter anderem anhand der nun für die Forschung zugänglichen Karteikarten des Document-Centers: *Weitaus mehr große Gelehrte, als bislang bekannt ist, waren Parteigänger des braunen Regimes.* Unter ihnen seien Größen der Zunft wie Peter Wapneski, Arthur Henkel, der verstorbene Walter Höllerer, *ja sogar Walter Jens, der weithin geachtete emeritierte Rhetorikprofessor und linksliberale Literaturkritiker in Tübingen.*

Der Autor der ohne Häme erzählten Spiegel-Geschichte hat ganz offensichtlich erst vor kurzem mit meinem Vater gesprochen und zitiert nun abenteuerliche Sätze: *Walter Jens, 80, dessen Karteikarte auf den 1. Sep-*

tember 1942 datiert ist, sagt: »Es kann ja sein, dass ich da einen Wisch unterschrieben habe« – aber er könne sich »beim besten Willen nicht erinnern«. Die ganze Sache sei »absurd und belanglos«. Mir wird kalt, ich beginne zu zittern. Ein Wisch, absurd und belanglos: Merkt er denn nicht, wie er dabei ist, sich um Kopf und Kragen zu reden? Vor zwei Tagen haben wir das letzte Mal miteinander telefoniert. Er schien bester Laune, erzählte von einer überfüllten Lesung in Koblenz. Er wird mit 80 noch immer umjubelt. Das Buch über Katia Mann steht im 150. Tausend. Von der bevorstehenden Enthüllung aber, die sein Leben verändern sollte, kein Wort.

Mein Vater, der PG mit der Ordnungsnummer 9265911? Er, der Demokrat und Nonkonformist, dem das Mitmachen zeitlebens ein Gräuel war, er, der nur Menschen bewunderte, die, wie er, *gegen den Strom geschwommen sind und nie von der Überzeugung ablassen mochten, dass es sich lohne, zwischen den Fronten zu stehen* – er soll Parteigänger Hitlers gewesen sein? Das kann sich nur um eine Verwechslung handeln, das ist so aberwitzig wie die Annahme, dass mein so bekennend monogamer Vater irgendwo noch eine leibliche Tochter hätte aus einem über Jahrzehnte verschwiegenen Seitensprung. Gewiss, auch er, der Mann meines Lebens, wird nicht gegen Fehler gefeit gewesen sein, aber aufrecht, wie er war, hätte er doch später bestimmt dazu gestanden.

Er, der Anwalt von Klarheit und Wahrheit, der jede Tünche so verachtet hat.

Ich halte mich an meinen Erinnerungen fest, an den Geschichten daheim am Mittagstisch, die mich, von Kindheit an, in einem gewiss sein ließen: Nazis, große und kleine, unbelehrbare und lang schon geläuterte, das waren die anderen. Wie dankbar war er Mutter Anna, dass die ihren elfjährigen Sohn bei einem Aufmarsch 1934 an die Hand nahm und für immer gegen die Nazis immunisierte. *Schau hin, Jung, wie komisch das aussieht. Wie lächerlich: die Wichtigtuerei. Oh, wie ich ihn hasse, diesen Zwang!* Papi – ich mache mir Mut – hat die braunen Horden schon als Pennäler durchschaut.

Wie liebevoll solidarisch hat er sich seiner jüdischen Klassenkameraden an der Versuchsschule Breitenfelderstraße, an Ralph Weinstein oder Lotte Teitelbaum erinnert. Mit wie viel Bewunderung vor allem hat er seines Lateinlehrers Ernst Fritz später am Hamburger Johanneum gedacht, der 1936 wegen staatsfeindlicher Gesinnung entlassen und ins Gefängnis geworfen wurde. Diesem Mann hat mein Vater in einem Essay über *Meine Schulzeit im Dritten Reich* ein ergreifendes Denkmal gesetzt. Der habe ihm vollends die Augen geöffnet, indem er den Elfjährigen *mit Hilfe der aufklärerisch gehandhabten Grammatik* etwa vom baren Unsinn des Horst-Wessel-Lieds überzeugte. *Er stellte die Frage, wer hier wen erschossen habe, Rotfront die Kameraden oder, was eher anzunehmen, freilich ganz und gar nicht gemeint sei, die Kameraden die Rotfront ... da möchten doch, bitte sehr, wir selber entscheiden, wer hier im Recht sei! Gestorben, ein für alle Mal die Hymne – als Machwerk erledigt.*

Mein Vater hat, wie es scheint, nichts vergessen – erinnert sich jedes Wortes, *als sei es gestern gesprochen worden –,* wie Lehrer Fritz 1936 im Unterricht den Hitler-Gruß mit angeekelten Worten kommentierte: *Die Hand zu heben, ach, das ist nun wirklich keine Kunst. Das macht auch der Hund am Baum.* Denunzianten zeigten den Aufrechten an. Der Quartaner Walter Jens wird von der Polizei vernommen. Der kleine Junge schlägt sich tapfer. *Du willst doch nicht leugnen, dass Dein Lehrer so etwas gesagt hat ... – Ich bestritt es entschieden. Ich stellte mich dumm. Ich machte im Verhör, stur leugnend, statt das ohnehin Bekannte preiszugeben, alles noch schlimmer.* Der widerspenstige Verlauf der Vernehmung lässt sich in den Akten der Hamburger Schulbehörde nachlesen: *Jens weiß grundsätzlich überhaupt nichts.*

Wird so einer, mit dieser frühen, eindeutigen Prägung, sechs Jahre später zum NSDAP-Mitglied 9265911? Ich kann, ich will es mir nicht vorstellen. Ich komme mir schäbig vor, dass ich auch nur in Erwägung ziehe, er könne mir, uns: der Familie, den Freunden, der Öffentlichkeit, seinen Fehltritt als Teenager vorenthalten haben?

Wenn er denn je beigetreten wäre, 1942, verblendet mit gerade einmal 19, dann hätte er, der Beredte, der Auskunftsfreudige auch über die eigene Person, doch gewiss ein Wort über seine Zeit als PG verloren. *Seht her, auch ich. So kann es passieren.* Hätte er sich etwas vergeben? Hätte ihm das Eingeständnis einer Jugendsünde, einer kurzen Zeit der Verführbarkeit, auch nur einen Hauch seiner Glaubwürdigkeit genommen?

In einer knappen autobiographischen Skizze mit dem Titel *Vergangenheit – gegenwärtig*, die gerade einmal 32 Seiten umfasst (der ausführlichere Teil des kleinen Erinnerungsbuchs stammt von meiner Mutter), hat er 1994 beschrieben, wie er über fast ein halbes Jahrhundert sein publizistisches und rhetorisches Wächteramt begriff. Einmischung, *erlebte Geschichte: das war für mich – nicht nur, aber sehr wohl auch in meiner Eigenschaft als Redner – gleichbedeutend mit dem Durchschauen der Unmenschlichkeit fundamentalistisch geprägter Uniformität.* Hätte er da nicht auch von den eigenen Berührungen mit einer besonders barbarischen Ausformung dieser Uniformität berichtet – und berichten müssen? Ich möchte mich augenblicklich in den Zug nach Tübingen setzen. Aber ich habe schon Angst, bei meinen Eltern überhaupt nur anzurufen. Was wird er mir sagen? Als ich mir endlich ein Herz fasse, geht niemand ans Telefon. Ich sitze da mit weichen Knien und knüpfe weiter an meiner Indizienkette.

Auf einmal kommen mir die wenigen, aber gern wiederholten Geschichten aus seiner Jugend merkwürdig glatt und ungebrochen vor. Gab es denn niemals einen Moment der Versuchung, der inneren Anfeindung? Genau das hat ihn 1988 auch Norbert Ahrens in einem Hörfunk-Interview für die Deutsche Welle gefragt. Die Antwort meines Vaters war ein entschiedenes *Nein – und das aus drei Gründen.* Zum einen habe ihn sein das Horst-Wessel-Lied sezierender Lateinlehrer Fritz *für die Machthaber verdorben*, zum zweiten hätten ihn vor allem, an der Grundschule in der Breitenfelderstraße bereits, die vielen jüdischen Mitschüler, Ralph Giordano voran, gegen jede Form des Antisemitismus geimpft – entscheidend aber sei drittens die Erziehung seiner Mutter, der roten Anna, gewesen.

Nur ein einziges Mal hat er, in der besagten Skizze seines Lebens, mit ein paar professionell gesetzten Strichen die Jahre der Adoleszenz unterm Hakenkreuz, wie es schien, ein wenig differenzierter nachgezeichnet. Sympathisch, nicht ohne Distanz zu sich selbst. *Ich hatte Glück – ich ein Bruder Leichtfuß, aber kein verlässlicher Antifaschist, ich, ein Freund meiner bedrohten jüdischen Freunde, aber auch ein Angepasster, Mitglied der Hitler-Jugend, vom Außendienst befreit, und dank des Zutuns höherer Chargen sogar mit einer Kordel geziert […] Mit einem Satz: Ich war – nicht mehr, doch dies immerhin – ein*

Einzelgänger, der das Ende des Regimes nicht nur herbeisehnte, weil Uniformität, Gleichschritt und Drill mir aus ästhetischen Gründen nicht minder als aus politischen schlechthin widerlich waren, sondern der für den Sieg der Feinde zuallererst deshalb betete, weil er, schlicht und einfach, bei einem Triumph Adolf Hitlers ohne Lebensperspektive gewesen wäre. Was sollte denn schon aus einem Asthmatiker werden, der ein volles Viertel seiner Schulzeit in Sanatorien zubringen musste.

Doch schon mit einer knappen Seite war das Thema erledigt, anders als im Text meiner vier Jahre jüngeren Mutter übrigens, die keine pointierten Geschichten parat hatte, sondern vom Kriegsalltag in Hamburg erzählte, von den Bombenangriffen und davon, dass ihre Eltern *die wahren Zustände gekannt und von der Existenz – wenn nicht von Vernichtungslagern, so doch von Internierungscamps gewusst haben müssen.* Warum habe ich niemals Genaueres wissen wollen? Zum Beispiel, was mein Vater denn gemeint hat mit der Andeutung, dass er zwar das Ende des Regimes herbeigesehnt hätte, aber eben doch *ein Angepasster* gewesen sei. Ich habe es mir einfach gemacht. Die eigenen Eltern mit unbequemen Fragen belästigen, das mussten einzig die anderen. Für mich war immer klar, wo er stand. Wozu also nachhaken: *Warst Du auch einmal im nationalsozialistischen Studentenbund? War Opa Walter, Dein Vater mit Deinem Vorna-*

men, nicht seit 1938 in der Partei? Was hat die aufrecht-linke Mutter Anna dazu gesagt? Hat sie ihn aus dem Bett geschmissen? Und: Was ist aus Deinen bedrohten jüdischen Freunden geworden? Die Frage *Warst Du in der Partei?* wäre mir allerdings niemals in den Sinn gekommen.

Und doch gibt es da die merkwürdige Geschichte von Hans Rössner, der in den 60er Jahren als Leiter des Piper-Verlages auch die Bücher meines Vaters betreute. Ich erinnere mich gut an den Mann mit den silbergrauen Haaren, der regelmäßiger Gast in unserem Hause war. Er hatte Manieren, kam nie ohne einen Blumenstrauß für Frau Inge – und abends wurde die Familie in die *Krone*, ins damals einzige Feinschmeckerlokal der Stadt, eingeladen. Rössner verantwortete ein Verlagsprogramm, das für politische Aufklärung stand. Unter seiner Ägide erschienen 1964 Hannah Arendts *Eichmann in Jerusalem*, der grandiose Versuch über die Banalität des Bösen, und drei Jahre später *Die Unfähigkeit zu trauern* der beiden Mitscherlichs. Die Chronik des untergegangenen Traditionshauses zeigt ein Foto von der Buchpräsentation. Stolz beugt sich Hans Rössner über die beiden Mitscherlichs, deren Studie so dringlich die Aufarbeitung der jüngsten Vergangenheit anmahnte.

Des Verlagsleiters *anhaltendes Engagement für die Zeitgeschichtsschreibung*, heißt es in der Piper-Festschrift, sei ein *Reflex auf die deutsche Katastrophe des National-*

sozialismus gewesen. Wirklich ein Reflex? Oder nicht eher ein Akt dreister Tarnung? Dieser Hans Rössner nämlich war einstiger SS-Obersturmbannführer, 1936 als Assistent von Karl Justus Obernauer maßgeblich beteiligt an der Aberkennung der Ehrendoktorwürde Thomas Manns durch die Philosophische Fakultät der Universität Bonn, ein enger Weggefährte jenes erst 1995 enttarnten Germanisten Hans Schwerte, ehemaliger Rektor der Technischen Hochschule Aachen, der in Wirklichkeit Hans Ernst Schneider hieß und einst an der berüchtigten *Forschungs- und Lehrgemeinschaft Ahnenerbe*, der Privatuniversität der SS, sein Auskommen hatte. Im Forschungswerk *Wald und Baum* haben Rössner und Schneider ein Konzept des *totalen Kriegseinsatzes der Wissenschaft* entwickelt – und nach Kriegsende dann – Ludwig Jäger hat den Fall genau dokumentiert – eine Übereinkunft getroffen, was das Beschweigen und Betünchen des tiefbraunen Vorlebens betrifft.

Die Rolle des antifaschistischen Aufklärers stand dem einstigen SS-Mann gut zu Gesicht. Von der Nazi-Identität Rössners haben weder Hannah Arendt noch die Mitscherlichs gewusst – zumindest einem seiner Autoren aber war das finstere Kapitel sehr wohl bekannt: meinem Vater. Der nämlich hatte 1943 in Freiburg bei Walther Rehm eine Vorlesung über Stefan George gehört und sich ein kleines Buch angeschafft, das vorgab, den neuesten

Stand der Forschung zu spiegeln. *Georgekreis und Literaturwissenschaft*, Bonn, 1938. Der Verfasser: Hans Rössner. Es sei notwendig, schrieb da der junge Gelehrte vom Rhein, Jahrgang 1910, *die Verjudung des Kreises zuchtvoll, aber energisch im Blick zu behalten [...] Schuld an dem so starken Einfluss des vornehm-urbanen Bildungsjudentums ist zweifellos die rassenbiologische und rassenseelische Instinktlosigkeit des Kreises.*

Mein Vater hat sich des im heimischen Stringregal aufbewahrten Exemplars, auf der Schmutzseite mit dem Signum *Walter Jens, Freiburg, 1943* versehen, durchaus erinnert, den Verfasser irgendwann auch einmal kurz darauf angesprochen, zwischen Blumen, Buchprojekten und dem obligaten Restaurantbesuch: *Sind Sie tatsächlich der George-Rössner?* Er hat's, immerhin, nicht abgestritten, seinen Autor aber vertröstet. *Darüber reden wir später einmal.* Doch das Gespräch hat niemals stattgefunden. Rössner schwieg. Aber eben auch mein Vater. *Nein, besonders hartnäckig war ich da nicht.* Nach den Gründen dafür frage ich ihn nicht, als ich 2001 im Zuge einer Recherche auf das Doppelleben des vier Jahre zuvor verstorbenen Verlagsmannes stoße.

Warum auch? Bei uns war doch alles im grünen Bereich, alles politisch korrekt. Wie oft habe ich mit immer neuem Erstaunen die launige Anekdote gehört, wie mein wegen seines Asthmas frontuntauglicher Vater Hamburger Prostituierte in die dröge Materie des Luftschutzes eingeführt und diese, trotz ihres Verdienstausfalls, für sein Anliegen, die richtige Handhabung einer Feuerpatsche, begeistert habe. *Die Puffmutter hieß, ich beschwöre es, Emilie Puffsack. 18 Jahre alt war ich und die armen Wesen dauerten mich.* Zwischen Dammtor und St. Pauli sei er zum listigen Überzeugungskünstler, zum Rhetor geworden. Zu einem Redner, der schon bald kein Risiko scheute.

Am 13. Juni 1944 hat der Freiburger Student vor der Turner-Kameradschaft Friedrich Ludwig Jahn einen Vortrag über den verfemten Emigranten Thomas Mann gehalten. Die Lobrede eines 21jährigen, deren tollkühne Thesen jeden Zweifel an der Gesinnung des Vortragenden erstickten – und die mein Vater später sehr gerne zitierte. *Verlieren wir in unserer Zeit, wo wir dem Eingepresstwerden in eine bestimmte Anschauung auf allen Gebieten fast ganz zu verfallen drohn, nicht den Blick für die Vielfalt der Erscheinungen [...], lasst uns auch das, was man heute wegwirft, prüfen, ob es das Wegwerfen auch wirklich verdient hat oder ob es uns nicht im Gegenteil sehr viel zu sagen hat, gerade uns! Thomas Mann, Du großer Dichter, auf Wiedersehen!* Diese Verneigung, der Willkommensgruß an einen verbotenen Dichter, war mutig, ein intellektueller, ein moralischer Persilschein für alle Zeit. *Hätte es auch nur einen Denunzianten gegeben*, hat er ein halbes Jahrhundert später geschrieben, *es wäre um mich geschehen gewesen.*

Ist dies die Rede eines Mitglieds der NSDAP? Ich komme nicht weiter. Am Abend des zergrübelten Totensonntags erreiche ich meine Mutter. Ja, die beiden wissen seit ein paar Tagen, dass da ein Artikel erscheine. Ein Mann vom *Spiegel* habe angerufen. Das Ganze sei lächerlich und mein Vater aus allen Wolken gefallen, als er von der Karteikarte, auf der sein korrektes Geburtsdatum vermerkt ist, erfuhr. Das sei schon eine Gemeinheit, ziemlich hinterhältig dazu. Nie habe die Redaktion des Germanisten-Lexikons um eine Autorisierung des Artikels gebeten, nie eine Chance zur Stellungnahme eingeräumt. *Papi ist sich sicher: wenn er denn je Mitglied war, dann ohne eigenes Zutun und Wissen.* Er selbst ist nicht zu sprechen. Er sitzt in seiner Bibliothek, der sturmbewährten Trutzburg, und studiert. Der Terminkalender, hier wie dort, ist eng. Wir verabreden uns für die übernächste Woche.

In den Tagen, die nun folgen, sieht er sich einem medialen Dauerangriff ausgesetzt, der an die Substanz geht. Dabei wiegt der Vorwurf des jahrzehntelangen Schweigens – und des Lavierens jetzt – weit schwerer als die per se belanglose Parteimitgliedschaft eines nicht einmal 20jährigen. Die Erklärung, er sei unwissentlich, vermutlich in einer kollektiven Aufnahme zur Partei geraten, glauben ihm nur wenige. Das im Auftrag des Germanisten-Lexikons erstellte Gutachten von Michael Buddrus war eindeutig: Die Aufnahme in die NSDAP habe stets einen persönlich unterschriebenen Antrag vorausgesetzt. Dass Mitglieder etwa der HJ ohne ihr Wissen und ohne schriftliche Zustimmung überführt wurden, sei ausgeschlossen. Wer anderes behaupte, flüchte in durchschaubare Entlastungsstrategien.

Nun stand auf einmal ein Leben, ein Lebenswerk zur öffentlichen Disposition. Die Folgen waren bitter. Die Attacken wurden von Tag zu Tag härter. Hubert Spiegel in der *FAZ*: *Was Jens und andere der Generation ihrer Väter zu recht vorgeworfen haben, galt, wie wir jetzt wissen, auch für sie selbst – über die eigene Vergangenheit wurde nicht geredet.* Das war noch vergleichsweise freundlich. Der Germanist Joachim Dyck, ein von meinem Vater geschätzter Kollege, in der *Welt*: *Unverständlich und peinlich* sei das Verhalten der Spätertappten. *Sie spielen das Faktum herunter, können sich nicht an eine Zustimmung erinnern, oder glauben nur einen Zettel oder einen Wisch unterschrieben zu haben. Das ist beschämend. Denn was hätte es geschadet, wenn sie ihre Mitgliedschaft in der NSDAP offen zugegeben und ihren Schritt den Nachgeborenen erklärt hätten?*

Ralph Giordano, der jüdische Klassenkamerad und langjährige Freund, sprang für ihn in die Bresche: *Walter*

Jens war einer der wenigen, die immer mein Freund geblieben sind, die nie geschwankt haben, nie in Versuchung geraten sind, immer zu mir gehalten haben, bis ich 1940 das Johanneum verlassen musste. Aber er sagte auch: *Offenheit wäre das Beste und ich hätte ein besseres Gefühl gehabt, wenn er nicht so getan hätte, dass er sich an gar nichts erinnert* – ausgerechnet er, der Gedächtnis-Virtuose, der längst verblasste Bilder aus der Schulklasse, aus Emilie Puffsacks Freudenhaus, aus dem Hospital, in dem er die Freiburger Bombennacht überlebte, scheinbar mühelos und verlässlich abrufen konnte.

Nein, er habe nichts davon gewusst, *dass Jens Mitglied der HJ und Mitglied der NSDAP war*, erklärte Marcel Reich-Ranicki, *er hat es niemals im Laufe unserer langjährigen Freundschaft auch nur mit einem Wort erwähnt.* Sie haben bis zu ihrem öffentlich zelebrierten Bruch Anfang der 90er Jahre mindestens einmal pro Woche lange, lange Telefonate geführt; ich entsinne mich, während der ersten Sylter Sommer war die gute Stube des kleinen Ferienhauses auf der Stelle zu räumen, wenn der *Draht spielte* zwischen Kampen und dem Hamburger Ubierweg. Sie hatten ihre fixen Regeln, riefen sich der Fernmelderechnung wegen, bzw. des im 12-Sekundentakt tickenden Gebührenzählers an der Nordsee, jeweils umschichtig an – und sprachen zumindest eine Stunde. Sie gaben vor, sich alles zu erzählen, Literatenklatsch, aber nicht weniger freimütig selbst größte Intimitäten, ihre ach so unterschiedlichen Frauengeschichten: Erfreute sich Ranicki auch an *Mädelchen* von Fleisch und Blut, gestand mein auf Beutezüge anderer Art versessener Vater sein kaum weniger existentielles Leiden unter Ingeborg Bachmanns *Malina*.

Sie waren sich sicher, sie wüssten alles voneinander, sie haben sich versprochen, dass der, der den anderen überlebe, die Rede am Grab des toten Freundes halte werde – aber die wunden Punkte in der eigenen Vita haben sie dann doch lieber für sich behalten. Wie ein Betrogener hat sich mein Vater gefühlt, als 1994 publik wurde, dass Reich-Ranicki nach dem Krieg, getarnt als Vizekonsul in London, hochrangiger Mitarbeiter des verbrecherischen polnischen Geheimdienstes war. *Warum hat er mir nie einen Ton gesagt?* – er war maßlos enttäuscht, und hat doch selber mit keiner Silbe erwähnt, dass es da auch in seinem Leben ein dunkles Geheimnis gab.

Reden in erinnerungsfeindlicher Zeit ist anno 1981 eine Sammlung von Festansprachen untertitelt. *Macht der Erinnerung* heißt ein Redenband 16 Jahre später. Die Kraft des Memorierens gilt ihm als Synonym von Arbeitstugend – und nun auf einmal dies: *Jens wird nicht müde zu erklären, dass er sich nicht daran erinnern kann, einen Aufnahmeantrag in die Nationalsozialistische Deut-*

sche Arbeiterpartei gestellt zu haben, so Arno Widman in der *Berliner Zeitung,* aber er erklärt auch: *»Es kann sein, dass ich da einen Wisch unterschrieben habe.« Es ist schrecklich, aber wir werden davon ausgehen müssen, dass von dem gewaltigen Lebenswerk des ehemaligen Tübinger Rhetorikprofessors dieser Satz übrig bleiben wird. Er wirft ein so grelles Licht auf den vorgeblichen Aufklärer Walter Jens, dessen Anstrengungen jäh versagen, wenn es um die Erhellung der eigenen Geschichte geht.*

Das sind nur wenige Urteile von vielen. Jahre danach schmerzt die Lektüre noch immer. Die Schläge haben gesessen. Er hat sich nicht mehr wehren können. Er war über 80. Und, da bin ich sicher, tief im Innern hat er gewusst, dass der Zorn der Enttäuschten sehr wohl seine Gründe hatte. Er wäre, hätte er einen vergleichbaren Fall kommentiert, in seinem Diktum gewiss nicht gnädiger gewesen.

Bei unserem Wiedersehen Anfang Dezember erkenne ich meinen Vater kaum wieder. Er ist blass. Er stöhnt. Er wirkt fahrig, er spricht leiser als sonst. Von der alten Streitlust scheint wenig geblieben. Und am Morgen hat er Post bekommen.

Ein freundlicher Herr aus Hamburg-Bramfeld sorgt für die höchst unangenehme Begegnung mit einem Frühwerk. *Sehr geehrter Herr Professor Jens, im Zusammenhang mit den Medienberichten über die Mitgliedschaft von Germanisten in der NSDAP fiel mir ein, dass mir vor einiger Zeit ein Bekannter einige in seinem privaten Archiv aufgestöberte Auszüge aus einem Mitteilungsblatt der früheren Hamburger studentischen »Kameradschaft Hermann von Wissmann« geschickt hatte. Das Blatt nannte sich der »Der Kilimandscharo« und die Ausgabe Januar-April 1943 enthielt einen Artikel mit dem Titel »Die Epik der Gegenwart«, der mit Ihrem Namen gezeichnet ist.*

Hermann von Wissmann, Reichskommissar der Kolonie Deutsch-Ost-Afrika, ein Mann, der in Tansania eine lange Blutspur hinterließ, 1905 ums Leben gekommen in der Steiermark bei einem Jagdunfall mit seinem eigenen Gewehr: Das ließ wenig Gutes vermuten. Die beigelegte *Betrachtung unserer gegenwärtigen Dichtkunst*, deren 60 Jahre zurückliegende Autorenschaft mein Vater nicht bestreitet, war in der Tat schweißtreibend. Er fordert die *Hinwendung zum ewigen Deutschtum* und singt das hohe Lied auf Erwin Guido Kolbenheyer, die Ikone aller schöngeistigen Nazis, ob dessen *gewaltigen Weltanschaungsromanen auf biologischer Grundlage*. Er beschwört die neue Zeit. *An Stelle des Vaterhasses im Sinne der Freudschen Psychoanalyse in der Entartungsliteratur tritt das Verstehen zwischen den Generationen, den Geschlechtern, die starke Bindung an das Volk*. Entartungsliteratur! PG 9265911 scheint voll in der Spur.

Im großen Rundumschlag geißelt der 20jährige die

Moderne, *die Verfallsdichtung, die niedersten Instinkte – Döblin schreibt seinen »Berlin-Alexanderplatz«. [...] Noch stärker als im »Impressionismus«, der als eine reine Eindruckskunst zu einer großen Epik natürlich nie gelangen konnte, nehmen rassefremde Stimmen im sogen. Expressionismus Überhand [...] Internationalismus und Pazifismus sind die großen Schlagworte.* Wie müssen diese Kampfparolen aus eigenem Mund meinen alten, friedliebenden Vater treffen. Hat er den Text wirklich vergessen? Er könne sich dunkel erinnern, sagt er. Und er sagt auch, dass es schrecklich wäre, wenn dies Fundstück aus einem Hamburger Privatarchiv publik würde.

Selbst Thomas Mann, den er nur 14 Monate später in Freiburg so vehement, so couragiert verteidigen sollte, wurde vom Referenten vor der Hamburger Kameradschaft mit völkischer Verachtung bedacht: *»der Ästhet mit der Tendenz zum Abgrund«, wie er sich selbst nannte, voll ungeheurer stilistischer Begabung, artistischer Sprache, aber nur Intellekt in eisiger Kälte. Erstarrung gilt diesem Literaten etwas, der fern vom Volke steht. Buddenbrooks und Zauberberg muten uns heute wie Grabsteine einer Generation an, die sich selber richtete.* Für einen wie ihn, dem Literatur zum Leben diente und der die Bücher zeitlebens zumindest ebenso ernst nahm wie die Menschen, war dieser Zusammenprall mit der eigenen Vergangenheit, die Kollision auf ureigenem Terrain, vermutlich schmerzhafter noch als die Geschichte mit dem elenden Wisch.

Und einmal mehr stellt sich die Frage nach dem Erinnern und dem Beschweigen. Es hätte so viele Möglichkeiten gegeben, von den kleinen, wenn auch drastischen Irrtümern zu erzählen, die den Prozess der überzeugenden Läuterung später hätten so anschaulich werden lassen. 1957 etwa, als *Statt einer Literaturgeschichte* erstmals erschien, diese sehr persönliche, unerhört kraftvolle, immer wieder erweiterte tour d'horizon durch *die moderne Literatur und ihr Verhältnis zur Tradition*. Es ist eines seiner kühnsten Buchprojekte. Wie hat er da auf wenigen Seiten den Kosmos von Döblins Alexanderplatz beschworen, *in dem die Welt Welt und der Mensch Mensch bleibt, in dem die Welt mit dem Menschen und der Mensch mit der Welt spricht.* Wäre es so schwer gewesen – und wie leicht wäre es ihm dann heute! –, mit einigen wenigen Sätzen darauf zu verweisen, dass er den Autor des Biberkopf-Romans 14 Jahre zuvor ganz anders, als Beförderer *der niedersten Instinkte,* gesehen hatte.

Und Thomas Mann? Er und seine Familie haben der unseren über die Jahre ein nicht gerade kärgliches Zubrot beschert: Vorworte, Vorträge, die Tagebuch-Edition meiner Mutter, Frau Katia, Hedwig Pringsheim, die Schwiegermama und deren verlorener Sohn Erik. Die Frage mag ungerecht sein: Aber warum hat mein Vater, der mein Vorbild war und dies immer bleibt, in seine mit Hans-Castorp-Reminiszenzen gespickte Rede, 1976 zum 75. Jubiläum der Deutschen Heilstätte Davos, nicht ein kleines Apercu einfließen lassen – mehr wäre es kaum gewesen! –, dass der 20jährige Walter Jens den Zauberberg als *Grabstein einer Generation, die sich selber richtete*, interpretierte.

Wie treffsicher genau, aber auch mit welch einer Härte hat er 1960 in der *Zeit* dem damals recht erfolgreichen schwäbischen Autor Gerd Gaiser eine öffentliche Kopfwäsche verpasst - manche sagen auch: ihn für immer erledigt. Er attestiert ihm, *der schlechteste Stilist unter allen Nachkriegsautoren zu sein*. Gaisers Gesamtwerk, das sei nicht zu leugnen, stehe *im Zeichen einer romantisch-völkischen Betrachtungsweise, die, antisemitisch getönt, im Namen des Echten und Reinen* argumentiere – ein Mann in der geistigen Nachfolge Kolbenheyers. Der Schriftsteller aus dem benachbarten Reutlingen, von Hauptberuf Maler, wird nach allen Regeln der Kunst filettiert, vom *Podest gehoben, das ihm niemals gebührt.*

Mein Vater, der noch Jahre später stolz war auf seinen Essay (sonst würde ich mich kaum so genau erinnern; als er erschien, war ich sechs!), hat vermutlich recht gehabt in seinem vernichtenden Urteil, aber was hätte er sich vergeben, wenn er, ganz am Rande, auch auf die kurze Zeit der eigenen Verführbarkeit zu sprechen gekommen wäre, auf das hohe Lied, das *er* einmal auf Hitlers Günstling Kolbenheyer anstimmte, auf das Credo des Studenten Walter Jens: *Ohne ein tiefes Bekenntnis zum Völkischen ist Dichtung unmöglich.* In diesem einen Punkt seines langen, konsequent geführten Lebens, dort, wo es um die eigene Anfechtbarkeit ging, ist er sich untreu geworden – und hat mit zwei Zungen gesprochen: einmal eben nicht Wasser gepredigt und Wasser getrunken.

Sechzig Jahre danach nimmt er seinen Nachmittagstee auf dem Wohnzimmersofa, geknickt, freilich auch trotzig. Ja, diese Rede sei schrecklich. Der Irrtum eines 20jährigen eben. Aber, verdammt noch mal, was die Parteimitgliedschaft angehe, da habe er sich nichts vorzuwerfen. Er habe doch selbst erst vor ein paar Tagen von der absurden Geschichte erfahren. Er spürt, dass die erregte Debatte der vergangenen Tage ans Eingemachte geht. Jetzt ist in der NSDAP-Mitgliederkartei auch noch ein Vermerk aufgetaucht, der seine Ummeldung von Hamburg nach Freiburg dokumentiert. Allein, er kann sich einfach nicht erinnern.

Das Gespräch, das wir versuchen, ist zäh und beklemmend. Ich finde mich undankbar. Wie oft ist er mir, als ich in Not war, beigestanden. Und jetzt, da er mich, wie ich spüre, vielleicht zum ersten Mal braucht, kann ich ihm, auch zum ersten Mal, einfach nicht glauben. Ich würde so gern, aber es geht nicht. Meine Mutter schiebt eine Auflaufform mit Maultaschen in den Ofen. Dann sitze ich im Zug zurück nach Frankfurt.

In einem flotten Diskurs mit Willi Winkler, dem Klugen von der *Süddeutschen Zeitung,* den er kennt und schätzt, nimmt er zum ersten – und einzigen! – Mal ausführlich zu den Vorwürfen Stellung. Dabei kommt er beiläufig und nicht ungeschickt auch auf die Hamburger Jugendsünde zu sprechen, die ihm, zum Zeitpunkt des Interviews, exakt seit einem Tag bekannt ist, zugestellt mit der Deutschen Bundespost. Er sagt: *Ich habe vor einiger Zeit mit Erschrecken eine Rede gefunden, in der ich vor zehn bis fünfzehn Mitgliedern einer Kameradschaft mit makabrer Unschuld, so indoktriniert war man von den Lehrern, Worte wie »entartete Literatur« brauchte.*

Makabre Unschuld? Warum kann er nicht einfach sagen: Ich habe mich verrannt und habe ein paar Monate, vielleicht auch ein gutes Jahr lang, mitgemacht – nicht, weil die Lehrer unwiderstehlich indoktrinierten (es gab ja auch einmal einen Lehrer Fritz, und bei Mutter Anna, der Widerständlerin, wurde noch immer gewohnt!), nein, sondern weil auch ich eine kurze Zeit an diesen völkischen Schwachsinn geglaubt habe. Oder, weil ich schlicht etwas werden wollte mit neunzehn, zwanzig Jahren. Hätte es ihm auch nur einer verübelt?

Stattdessen prügelt er nun auf den Boten ein: *dass der Spiegel eine neue Spruchkammer einführen will, lasse jede*

Humanität vermissen. Er versteigt sich in kühne Interpretationen. Ja gewiss, er habe damals eine Literatur verlangt, die das Völkische zur Voraussetzung hat, *aber jenseits jeder parteimäßigen Bindung, ich wollte nicht, dass die Partei reinredet.* Das gibt der Text, der alles andere als das Manifest eines Partei-Kritikers ist, beim besten Willen nicht her. Winkler gibt nicht auf und unternimmt einen neuen Anlauf, verweist auf ein Hörspiel aus dem Jahr 1952, in dem ein einstiger Mitläufer, der Ordinarius Lauenfels, sich nach dem Krieg rechtfertigt, dass er einst in die Partei eintrat. *Konnte man damals etwas anderes tun, als zuerst an sich zu denken?*

In diesem letzten langen Interview seines Lebens fechten Frager und Befragter noch einmal Florett. Parade Winkler: *Es ist doch auffällig, dass Sie selber bereits vor 50 Jahren als Schriftsteller behandelt haben, was jetzt im Zusammenhang mit dem Lexikon verhandelt wird: die Mitgliedschaft in der Partei.* Jens ripostiert: *Ich halte das für die divinatorische Pflicht des Schriftstellers.* Winkler staunt: *Nicht schlecht.* Und dennoch: Der Dichter als Divinator, als Weissager, als vorausahnender Seher? Das Interview zielt eher auf das Gegenteil: aufs beredete Verbergen der Vergangenheit. Mein Vater spielt Versteck. *So nachdrücklich ich immer betont habe, dass ich in der Hitlerjugend war, so nachdrücklich habe ich immer gesagt, dass ich nicht in der Partei war. Es kann ein Irrtum sein.*

Ich habe keinen Beweis gegen mich, aber auch keinen für mich.

Er kapituliert vor der eigenen Vita. Und bemüht sich, mit einer finsteren Volte am Schluss seine Existenz ad absurdum zu führen, mag sein: auch zu zerstören. *Ich glaube nicht, dass Ihr Recht habt, aber auch Umzugskarten sind am Ende Belege. Ich bin ein Mann des peut-être.* Er, der Standfeste, der Feind billiger Ausreden, der unbeugsame Advokat der Klarheit, der demokratische Sozialist und republikanische Redner, der Einzelgänger im Geiste des Lutherschen »Ich stehe hier und kann nicht anders«, er, der verlässliche, streitlustige Denker, der für ein humanes Dasein im Hier und Jetzt ebenso eintrat wie für das Recht auf einen humanen Tod, sagt nun, er sei ein Mann des Vielleicht!

Du warst, mag sein, kein Pädagoge vor dem Herrn, aber Du hast viel Mühe darauf verwandt, mich das Nein-Sagen zu lehren; ich war acht, als Du mir, während wir daheim Quarkauflauf löffelten, sagtest, dass Du mich niemals bevormunden wollest, aber wenn ich zur Bundeswehr ginge, würde ich auf der Stelle enterbt. Du hast mich 1968, da war ich knapp vierzehn, nächtens mit Deinen Studenten vor die Esslinger Druckerei des Springerkonzerns ziehen lassen, um die Auslieferung der Bildzeitung am kommenden Morgen zu verhindern (*Besser der Junge atmet Tränengas, als dass er Haschisch raucht!*),

Du warst ein Steher für mich, gelegentlich altmodisch, konsequent aber immer.

Wie habe ich die Unbeirrbarkeit bewundert, mit der Du im Sommer 1977 als Präsident des Deutschen PEN-Zentrums die Aufnahme des von den Nazis verjagten jüdischen Intellektuellen Ernest Mandel in die Schriftsteller-Vereinigung durchgesetzt hast, obwohl prominente Geister – von Wolf Jobst Siedler bis Golo Mann – aus Protest ihren Austritt erklärten, weil Mandel Trotzkist war, ein vermeintlicher Verfassungsfeind, der Einreiseverbot in die Bundesrepublik hatte. Du aber hast aus Deiner Abscheu vor Berufs- und Berufungsverboten kein Hehl gemacht. Wie stolz war und bin ich auf Euch, auf Mami und Dich, dass Ihr während des ersten Golfkriegs zwei amerikanische Deserteure bei Euch versteckt und vor dem Zugriff der Militärpolizei bewahrt habt. Das war strafbar – aber auch vor Gericht hast Du zu Deiner Überzeugung gestanden. In Deiner Geradlinigkeit warst Du unverkennbar. Und nun kommst Du mir mit den Segnungen des Peut-être, die nun einmal das Gegenteil des Unverkennbaren sind. Du brichst mit Leben und Werk. Du gerätst Dir selber abhanden.

Am 6. Dezember, das Interview mit Winkler hat er vor ein paar Stunden autorisiert, verzieht er sich in sein Arbeitszimmer im Keller, dorthin, wo – in der Bibliothek wär's ein Sakrileg! – das Faxgerät steht. Er hasst Computer und E-Mail-Verkehr, aber diesen Apparat hat er ins Herz geschlossen und kann ihn sogar bedienen. Er will, er muss noch etwas zu Papier bringen. *Haben Sie Dank für Ihren Brief und den schauerlichen Text. Nicht amüsiert und »nun ja« sagend, sondern tief beschämt, wirklich, was ich da an Angelerntem reproduziert habe.*

Ihm zittert die Hand. Der Mann, dem diese Zeilen gelten, der Schuljurist aus Bramfeld, der ihm das Archivstück hat zukommen lassen, wird seine liebe Mühe mit dem Entziffern gehabt haben. Selbst meine im Dechiffrieren der ohnehin schwer lesbaren Handschrift geübte Mutter braucht ihre Zeit, als wir Jahre später beim Aufräumen das Original in einer kleinen Kiste finden. Da kann er schon nicht mehr seinen Namen schreiben. Damals aber, am Nikolaustag 2003, hat er einen verzweifelten Bach-Choral zitiert. »*Buß und Reu knirscht dies Sünderherz entzwei.*« *Gottlob, daß ich rasch gelernt habe – zwei Jahre später in Freiburg ein Hymnus auf Thomas Mann: endlich weiß statt schwarz. Aber die Schwärze quält mich dann doch. Dank für die Belehrung dafür, daß mein Weg am Anfang sehr krumm war.* Dann drückt er die Sendetaste seines Telekopierers.

Der Bußgang ist nobel – und aufschlussreich. Der Verfasser des Briefs spaltet sein Ego in ein Schwarz und ein Weiß. Hier der Schurke, dort die Lichtgestalt. Der eine schrieb einen *schauerlichen Text*, der andere sang einen *Hymnus*. Zwei grundverschiedene Wesen, nur durch den gemeinsamen Vor- und Zunamen geeint. Ansonsten haben sie nichts mit einander zu tun. Sie kennen sich nicht. Erst nach einer *Belehrung* von außen erfährt der Weiße überhaupt davon, dass der Schwarze einst braun und auf einem *sehr krummen Weg* war. Mit 80 Jahren flüchtet mein aufrechter Vater in ein ach-so-deutsches Doppelleben.

Manchmal tut mir das Schweigen leid, weil es so missbraucht worden ist. Schade um das schöne Schweigen, das nicht wie eine Mauer die Wahrheit umschließt, sondern in sich Wahrheit ist; ein sprachloses, staunendes oder auch schmerzliches Schweigen.

Gabriele von Arnim: Das große Schweigen – Von der Schwierigkeit, mit den Schatten der Vergangenheit zu leben, 1988

IV. Die fatale Schweigekrankheit

Über Wochen schiebe ich die weiße DVD unbesehen auf meinem Schreibtisch hin- und her. Wie dringlich habe ich sie bei den Berliner Redaktionskollegen erbeten – und wie groß ist nun die Angst, mich noch einmal dem beklemmenden Erinnerungsstück aus dem Fernseharchiv zu stellen, diesem aberwitzigen Versuch des Sohnes, die wahre Geschichte seines Erzeugers in fünfeinhalb Minuten zu ergründen. Ob ich mir nicht vorstellen könne, ein Gespräch mit meinem Vater zu führen, ihn, auf dem Höhepunkt der Affäre, Mitte Dezember 2003, zu einer persönlichen Replik zu bewegen, hatte mich Wolfgang Herles vom ZDF-Magazin *aspekte* gefragt. Ich sah darin die Chance, endlich mehr zu erfahren. War ihm der öffentliche Diskurs nicht zeitlebens näher als der Plausch im Privaten? War das der Weg, dem von den Medien waidwund Geschossenen die Flucht nach vorn zu ermöglichen: angestiftet von seinem Sohn, inspiriert von der Fernsehkamera, die für ihn seit Jahrzehnten Elixier war, die schmerzhaften Wochen des Schönredens zu beenden und endlich Klartext zu sprechen in eigener Sache.

Er hat lange mit sich gerungen. Dann haben wir uns im alten Bau der Berliner Akademie der Künste verabredet, am Hanseatenweg, der Stätte seiner vielleicht nachhaltigsten Wirkung. Wie viel Mut und Weitsicht hat er, der Präsident von 1989 bis 1997, bewiesen, wie viel Gegenwind ausgehalten damals nach der Wende, als er, oft auf einsamem Posten, die gleichberechtigte Vereinigung der Akademien in Ost und West durchzusetzen verstand. Hier war er auf ureigenem Terrain, hier fühlte er sich wohl und heimisch. Er hat diesen Ort kaum zufällig gewählt. Und doch, was nun folgte, war die quälendste Begegnung, die wir je hatten.

Beim Vorgespräch im kargen Gästezimmer der Akademie können wir uns beide kaum in die Augen sehen. Er sagt: *Ich fühle mich so elend.* Ich fühle mich zerrissen von Mitleid und Wut. Vor mir auf dem hölzernen Lehnstuhl sitzt ein hilfloser, alter Mann. Ich habe nicht den geringsten Zweifel, der junge Parteigenosse 9265911 hat keinem Menschen etwas zuleide getan. Aber ich, sein erstgeborener Sohn, fühle mich von ihm um seine Geschichte betrogen. Um die kleine Geschichte vom »auch ich«, die, wäre sie von ihm denn je erzählt worden, durchaus zum Abbau des kollektiven deutschen Schweigens hätte beitragen können. Der erhobene moralische Zeigefinger all derer, die vorgaben, vom ersten Atemzug an auf der richtigen Seite gewesen zu sein, hat so manchen fairen Diskurs erstickt.

Im Nachhinein scheint es durchaus konsequent, dass

gerade Günter Grass im Winter 2003 einer der lautstärksten Verteidiger meines Vaters war. Er sei *empört, mit welcher geschliffenen und eingeübten »Spiegel«-Häme das Ganze an die Öffentlichkeit gebracht worden wäre.* Er drischt auf den Herausgeber des Lexikons ein, das die Parteimitglieder nun beim Namen nennt, und nimmt es dabei mit den Fakten nicht eben genau. *Wenn Herr König in der Tat Germanist ist, wie kommt er dazu zu sagen, Walter Höllerer und Walter Jens seien Germanisten gewesen während der Nazi-Zeit. Sie sind nicht einmal zum Studium gekommen!* Nun, zumindest mein Vater hat während des Krieges sogar an zwei Universitäten studiert. Gewiss, er ist kein Germanist im klassischen Sinn, sondern habilitierter Altphilologe – aber werden in der erregten Diskussion der vergangenen Wochen wirklich geisteswissenschaftliche Abgrenzungsfragen verhandelt?

Dann rafft sich der Nobelpreis-Laureat auf zu einer recht kuriosen Beichte. *Ich kann nicht ausschließen, dass ich, wenn ich fünf Jahre älter gewesen wäre, wahrscheinlich auch irgend so einen Schrieb unterzeichnet hätte.* Ein Schrieb. Ein Wisch. Ein Bekenntnis im Konjunktiv! Darüber, dass er selbst, nicht ganz ungravierend, mit Siebzehn der Waffen-SS beigetreten war, hat er damals kein Wort verloren. Legendenbildung statt jener Selbstauskunft, die man nur von den anderen verlangte. *Die von*

Hitler Hypnotisierten, schreibt Gabriele von Arnim in ihrem zeitlos brillanten Essay über das große Schweigen, *erwachten aus der Trance und wurden flugs zu dem, was sie natürlich immer schon gewesen waren: brave Bürger und gute Demokraten. Aus der jüngsten Vergangenheit wurde ein Vakuum.*

Warum hat mein Vater nicht zumindest von der Mitgliedschaft im Nationalsozialistischen Studentenbund erzählt, die er nun, unter Druck, Willi Winkler gegenüber erstmals einräumte? Er hustet und keucht, greift weit häufiger als sonst zu seinem Asthmaspray, die Stimme ist dünn. *Was soll ich Dir denn sagen? – Antworte halt, so offen es geht.* Mehr fällt mir nicht ein. Dann brechen wir auf ins Untergeschoss, wo die beiden Kameras aufgebaut sind. Die Treppen fallen ihm schwer. Den Fahrstuhl nehmen will er dennoch nicht.

Ängstlich sitzen wir einander gegenüber. Ich schaffe es nicht, ihm die Fragen zu stellen, die mich umtreiben, die mich aus dem Schlaf schrecken in diesen Tagen: *Warum hast Du nichts gesagt? Warum immer nur von der roten Mutter Anna erzählt? Warum windest Du Dich jetzt so wie ein erbärmlich ertappter Politiker, Du, der doch wie kein zweiter das eindeutige Wort zu führen vermag? Was geht in Dir vor, Papi? Du, ein Mann des Vielleicht? Warum nur fällt Dir, dieses eine Mal, der Umgang mit der Wahrheit so schwer?* Aber nein, ich schaffe es nicht, lege meine

Notizzettel beiseite, beginne zu schwitzen, rudere mehr durch dieses Gespräch, als dass ich es führe. Ich weiß selber nicht – ist es nun Feigheit oder Erbarmen?

Und er macht an diesem Vormittag in der Akademie ernst mit seinem neu entdeckten Peut-être. Er will keine Klarheit, kein Ja und kein Nein. Die Unterredung von Vater und Sohn mutiert zum beredten Ausweichmanöver. Frage: *Warst Du Mitglied in der Partei?* Antwort: *Die Frage scheint mir belanglos. Ich glaube nicht, dass ich je einen Eintrittsantrag gestellt habe. Aber die Fakten können gegen mich aufstehen.* Frage: *Kannst Du die Enttäuschung all derer verstehen, die sich jetzt fragen, warum Du bisher nicht einmal über Deine Mitgliedschaft im nationalsozialistischen Studentenbund geredet hast?* Antwort: *Ich bin enttäuscht, darüber, dass ich die – am Großen gemessen – kleinen Irrtümer nicht entschiedener, nachdrücklicher betont habe. Ein bisschen frühere Deutlichkeit, schon am Ende der 50er, Anfang der 60er Jahre wäre der umfassenden Redlichkeit wegen schon angezeigt gewesen.* Frage: *Warum hast Du es nicht getan?* Antwort: *Das frage ich mich auch.*

Ein einziges Mal wird er eindeutig. Ob er nicht gerade jetzt die immer wieder verschobene Autobiographie endlich angehen wolle, um die Brüche und Wandlungen eines achtzigjährigen Lebens, auch die Verirrungen und Verletzungen der vergangenen Wochen freimütig, als einer, der nichts zu verbergen hat, zu benennen? *Nein!* Das ist ihm *zu privatistisch.* Das Äußerste, was er sich vorstellen kann, wäre *ein Aufsatz über die Grenzen der Erinnerungsfähigkeit.* Wir hören auf. Am selben Abend geht der kleine Film, der eine ohnmächtige Begegnung dokumentiert, auf Sendung. Kurz danach ruft er mich an. *Ich bin so enttäuscht.* Ich bin es nicht minder.

Er macht dicht, er beginnt sich einzumauern, er will sein Gedächtnis nicht mehr strapazieren. Eine Einladung zur Talkshow *III nach Neun* im Januar 2004 nimmt er nur unter der Voraussetzung an, dass er, begleitet von meiner Mutter, einzig über *Frau Thomas Mann*, gern auch über seine seit gut einem halben Jahrhundert währende Ehe, nicht aber über die leidige NSDAP-Geschichte Auskunft geben müsse. Einem präzisen, letztlich höchst wohlwollenden Interview mit Arno Luik vom *Stern* verweigert er die Autorisierung. Er korrigiert die Ursprungsfassung in einer Weise, dass das Blatt nicht mehr drucken mag. *Der menschliche Ton, das angenehm Lakonische, das Mitreißende ist verschwunden,* konstatiert der düpierte Befrager, *jetzt ist es ein in Interviewform geronnener Aufsatz. Steril.* Schon in seiner ersten Antwort spricht er nun wie ein dem Leben entrückter Staatsmann. *Günter Grass hat – in meinen Augen – zur Bewertung der von Marbach aus verbreiteten »Funde« mit gebotener Eindeutigkeit Abschließendes gesagt.* Mit hohlen

Floskeln, einem Griff in die flachste rhetorische Trickkiste – Funde in Gänsefüßchen, so wie es weiland der Springerkonzern mit der DDR tat -, versucht er sich die lästige Vergangenheit vom Hals zu schaffen. Überdies hat doch Freund Günter Abschließendes gesagt!

Er ist traurig und über ganze Tage kaum ansprechbar. Meine Mutter hat Angst vor einer Wiederkehr der Depression. Also besser nicht an der heiklen *PG-Affäre*, wie er es nennt, rühren. *Papi kann sich tatsächlich an nichts erinnern.* So ganz, denke ich, glaubt auch sie ihm nicht. Die Indizien sind erdrückend. Aber, wenn ihm, wie nun alle Welt meint, die Partei-Mitgliedschaft bewusst gewesen wäre, dann hätte er ihr doch zumindest davon erzählt? Er hat ihr doch nie etwas verheimlicht. Und, er sei wirklich aus allen Wolken gefallen, als ihn die Leute vom *Spiegel* mit der Karteikarte konfrontierten. Ich beschließe – und könnte mich heute ohrfeigen dafür –, wider besseres Wissen meinen Frieden zu machen mit seiner Legende von der unwissentlichen Aufnahme in Hitlers Partei. Ich spiele den bequemen Sohn und stelle dem gebrechlichen, was immer geschehe: geliebten und bewunderten Mann keine schmerzhaften Fragen mehr.

Kann es nicht sein, dass ich ihm Unrecht tue mit all meinen Zweifeln, was wäre, wenn er tatsächlich erst im November 2003 von dieser Mitgliedschaft erfahren hätte, auf die er sich, wie er sagt, keinen Reim machen kann?

Am 15. Januar 2004 erscheint in der *Zeit* ein langer Recherchebericht des Historikers Götz Aly, der die Version des Vielbeschuldigten stützt. Die beiden haben lange miteinander gesprochen; mein Vater hat ihm, was nicht leicht war, sogar seinen Kameradschafts-Vortrag über die völkische Literatur zur Verfügung gestellt. Aly, der sich, was gewiss nicht gegen ihn spricht, gern dem Mainstream der publizierten Meinung widersetzt und in einem durchaus abenteuerlichen Buch die rebellischen Studenten der APO als Wiedergänger der Nazis zu brandmarken versuchte, kommt zu einem recht eindeutigen Befund: *Würdigt man die Dokumente in ihrer Gesamtheit, dann spricht vieles für Jens' Darstellung, er habe von seiner NSDAP-Mitgliedschaft nichts gewusst und sich niemals aktiv um den Parteieintritt bemüht.* Mit diesem Persilschein aus der Berliner Privatgelehrtenstube sind in Tübingen die letzten Zweifel vom Tisch. Wer jetzt noch fragt, das Schweigen stört, wird auf den Artikel verwiesen. Was wollt Ihr noch? *Selbst ein kritischer Geist wie Aly hat mich am Ende voll rehabilitieren müssen.*

Doch was beweist der Text wirklich? In der Essenz letztlich nur, dass es an der Universität Hamburg, wo mein Vater sein Studium begann, im Wintersemester 1942/43 einen Versuch gab, *alle 1. bis 3. Semester pflichtmäßig für den NSD-Studentenbund zu erfassen*. Das mag ja sein. Allein, über die Frage einer automatischen, unwissentlichen Übernahme in die Partei – und eben darum geht es – sagt der Hamburger Vorgang rein gar nichts; eine Zwangsrekrutierung zur NSDAP, darauf verweist Aly explizit, *war nach den Statuten eindeutig verboten.* Wie oft habe ich die Expertise gelesen, an die sich mein Vater und auch seine politischen Freunde so klammern, diesen erlösenden Satz am Ende, die braune Verirrung eines nicht einmal 20jährigen, die *Experimentierlust mit völkischem Gedankengut* sei *eine Bagatelle, die der öffentlichen Erörterung nicht wert ist.* Dem wird niemand ernsthaft widersprechen. Nur, warum hat er dann niemals über die kurze Zeit des eigenen Verführtseins geredet, geschrieben, obwohl ihn das Thema, bei anderen, so umtrieb? Und warum muss er jetzt, da eine sechzig Jahre alte Karteikarte aufgetaucht ist, so erbärmlich eiern?

Er hat doch, wie ich Jahre später erfahre, schon lange vor der Publizierung von dem Fund des Aktenstücks gewusst, auch wenn er stets das Gegenteil beteuerte. Er kann nicht aus allen Wolken gefallen sein, als der Redakteur des *Spiegel* ihn im November 2003 mit seiner Parteimitgliedschaft konfrontierte. Er hat über ein Jahr im Bewusstsein gelebt, dass ihn alsbald dies für immer vergessen geglaubte Kapitel seiner Vergangenheit einholen werde. Am 10. Oktober 2002 schreibt ihn Christoph König, der Herausgeber des Germanistenlexikons, erstmalig an. *Wir sind im Zuge unserer Recherchen im Dokument Center im Bundesarchiv Berlin auf Ihren Namen gestoßen: Sie sind in der Mitgliederkartei der NSDAP verzeichnet. Wir wollen diesen Eintrag nicht veröffentlichen, ohne Ihnen Gelegenheit zu geben, nähere Umstände zu Ihrem Antrag bzw. zu Ihrer Mitgliedschaft uns mitzuteilen.*

Schon am Tag darauf, also unmittelbar nach Erhalt des Briefs, antwortet mein Vater in einem handschriftlichen Fax: *Verehrter Herr Dr. König, haben Sie Dank für Ihre Anfrage. Ich habe niemals einen Antrag auf Eintritt in die Partei gestellt, nie Beiträge gezahlt, nie einen Ausweis erhalten. Es kann sich nur um eine automatische, jahrgangsweise erfolgende Übernahme aus der HJ zum Parteianwärter gehandelt haben. PG aus freien Stücken war ich nie. Mit guten Wünschen Ihr Walter Jens.* Wenig später, noch am selben Tag, schickt er ein zweites Fax hinterher und gibt das Imprimatur. *Ich bin mit der Formulierung »steht in der Mitgliedskartei der NSDAP – Anhaltspunkte für die Aushändigung der Mitgliedskarte, die konstitutiv für die Mitgliedschaft wäre, bestehen jedoch nicht« einverstanden.* Kurios, kurios, das Ganze.

Für mich sind es die Briefe eines Fremden. Nur die wild wuchernde Handschrift, ein Graus für jeden Kalligraphen, erinnert noch an den Vater, den ich kenne, dessen Herzenswärme und dessen Leidenschaft im Lob wie im Tadel mir imponiert. Jetzt zeigt er keine emotionale

Regung. Keinerlei Erstaunen. Er braucht nicht einmal ein wenig Bedenkzeit, um die Nachricht zu verarbeiten. Er kanzelt die höfliche Anfrage von nicht eben niederem Ross zum Happening ab: *Kurios, kurios, das Ganze.* Das Lächerlichmachen eines Gegners, der gefährlich werden könnte, ist eine bewährte, wenn auch nicht immer edle rhetorische Technik. Er hat augenblicklich seine eigene Erklärung parat: die automatische Übernahme – nicht als PG, allenfalls als Parteianwärter. Zweifel gestattet er sich nicht. Oder beherzigt der Sohn eines passionierten Poker-Spielers aus Dithmarschen schlicht die Regel der Regeln, dass der, der zuerst zuckt, von vornherein auf verlorenem Posten kämpft? Ob ihm das, was da nun der Schillerhöhe in Marbach mitgeteilt wird, wirklich so neu ist?

Meiner Mutter, mit der er sonst jede noch so absurde, oft nun wahrlich kuriose Vortragseinladung einer schwäbischen Sparkasse erörtert (*Häschen, da sagen wir ab!*), erzählt er kein Wort von der Korrespondenz, vom Eintrag in die Mitgliederkartei der NSDAP. Und er wird auch niemandem einen Ton sagen, als sich Lexikon-Herausgeber König am Nikolaustag des Jahres 2002 *mit den besten Grüßen aus Marbach* ein weiteres Mal an ihn wendet. Der Justitiar des Verlages bittet, *der gleichmäßigen Behandlung* aller in der Kartei geführten Germanisten Willen – und das sind nicht wenige – um eine Standard-Formulierung: *auch liegt ein von XY unterzeichneter An-*

trag zur Aufnahme in die NSDAP nicht vor. Nach Aussage von XY wurde ein solcher Antrag auch nicht gestellt. Haarspalterei!

Mein Vater überdenkt seine Replik dieses Mal gründlich und antwortet zwölf Tage später noch einmal so, wie ich ihn liebe: Er zürnt, er reagiert ungehalten, er ist Walter Jens und hat keine Meinung X oder Y zu sein. Er beginnt mit einer wohl gesetzten Couserie und dankt dem noch immer verehrten Herrn Dr. König für dessen *excellentes Hofmannsthal-Buch*, das ihn *dank seiner verweisenden Kraft* begleite. Dann kommt er zur Sache. *Die NS-Mitgliedschafts-Frage wird langsam zur Farce.* Außerdem fühlt er sich im Lexikon unter Wert verkauft. Wie rigoros habe die zuständige Redakteurin das von seinem Assistenten gefertigte Werkverzeichnis zusammengestrichen! Er ist rundum unzufrieden. *Um jeden Buchtitel hat die Bearbeiterin meines Artikels gekämpft – und nun so viel Platz für eine Absurdität. Die Sache ist außerordentlich ärgerlich.* Dabei umfasst der Absatz *Lebensumstände*, der seine NSDAP-Mitgliedschaft erwähnt, gerade einmal sechs Zeilen, der gesamte Artikel *Walter Jens* jedoch, der die Ehrungen, Publikationen und eine Auswahl an Sekundärliteratur akribisch auflistet, satte fünf klein gedruckte Spalten.

Aber er hat sich unzweifelhaft geärgert an diesem 18. Dezember, als er, diesmal per Brief, nach Marbach schrieb. Warum hat er niemandem davon erzählt? Als ich meiner Mutter im Herbst 2008 die Korrespondenz mit Christoph König zeige, ist auch sie erschrocken. Warum hat er nicht zumindest jetzt – spät, aber vielleicht nicht zu spät – die Flucht nach vorne ergriffen und die Karteikarten-Geschichte selber aufgedeckt, bevor es andere taten und der Flurschaden weit größer war. Er hat doch nur wenige Wochen später, im Februar 2003, kurz vor dem 80. Geburtstag, der *Süddeutschen Zeitung* ein langes, bilanzierendes Interview gegeben, in dem er auch über die Träume seiner Jugend, über seine Studienzeit im Zweiten Weltkrieg sprach und von einem *Rückschlag* berichtete, der ihn jüngst getroffen habe, von einer depressiven Phase, *als es mir nicht gelang, meine Autobiografie zu schreiben.*

Warum? Die knappe Antwort, eine düstere Andeutung, kommt, denke ich, der Wahrheit sehr nah. *Der Mensch interessierte mich plötzlich nicht mehr.* Er mag sich – *plötzlich* – nicht mehr mit sich beschäftigen. Mehr sagt er nicht. Wie ein Held, kurz vor dem Fall, in der antiken Tragödie, über deren Bauformen er promovierte, lässt er die letzte Chance, reinen Tisch zu machen, vergehen. Er hat sich so geschämt, dass er nicht einmal die Frau, mit der er mehr als ein halbes Jahrhundert lebte, eingeweiht hat. Auch in seinem Tagebuch, in dem er gewöhnlich jedes kleine Ereignis in Stichworten festhielt

– findet sich keine Notiz. Nur keine Spur. Nur kein Erinnern. Augen zu – und durch!

Auch wenn nur wenig Trost darin liegt: Mein Vater befindet sich in erlauchter Gesellschaft. So viele souverän Geglaubte, oft Leitbilder der Nachkriegsrepublik, haben über einer vergilbten Karteikarte die Fassung verloren, reklamierten Erinnerungslücken und redeten sich um Kopf und Kragen. Unsere Besten, Virtuosen des Wortes begannen zu stammeln. Erfolgsverwöhnte Vorbilder, moralische Instanzen dieser Republik, verdiente Ruheständler im neunten Jahrzehnt erstarrten in Panik – vor einem Karriere-Knick. Das vermaledeite Altersleiden, das eine 2007 erschienene Anthologie minuziös dokumentiert.

Der Verleger Alfred Neven Dumont hat 26 prominente Zeitgenossen der Jahrgänge 1926/27 – sie waren also nicht einmal 20, als das tausendjährige Reich unterging – dazu ermuntert, ihre persönlichen Erinnerungen an die Nazi-Zeit aufzuschreiben, bevor es zu spät ist und sie, die letzten Zeugen, unter der Erde sind. Welch eine Gelegenheit! Doch wie enttäuschend – und wie signifikant! – sind zumeist die Texte der Einsender. Dieter Hildebrandt – ein Erinnerungskünstler, er hat es in seiner Rückschau *Was bleibt mir übrig?* bewiesen – ergeht sich in launischen Kameradschaftsberichten aus dem schlesischen Schützengraben. Der berlinernde Feldwebel heißt *Weißderteufel*, der Oberstleutnant *Weißichnichtmehr*. Das ist Programm. Das große Vergessen. Der begnadete Spötter nimmt sich nicht in die Mangel. Er sagt nicht, wie das denn war mit der Partei. Er geht nicht einmal in die Offensive, sondern zieht eine Nummer ab, die weit, weit hinter seinen Möglichkeiten bleibt. Es ist zum Heulen.

Oder Siegfried Lenz. Der schickt dem Herausgeber eine abgestandene, lang vor dem Fund seiner abgegriffenen Parteikarte publizierte Erzählung. Mit *Goethe und Schiller im Herzen* habe er, gerade einmal 18, Hitlers Marine gedient, *ein Lederstrumpf zur See*, ein früher Kulturkämpfer also, nach dem 20. Juli vollends geläutert, *da mieteten sich Kafka und Ionesco in meinen Krieg ein*. Keine Fragen. Keine Brüche. Ein letztes Mal werden Nebelkerzen gezündet. Warum nur macht es sich der Autor der einst so unbequemen »Deutschstunde« so einfach – und uns Lesern, die wir auf Auskunft einer bald abtretenden Generation hoffen, die Lektüre so sauer?

Da werden die Facetten deutscher Schönfärberei aufgeblättert, die Symptome politischer Demenz: Hans-Dietrich Genscher entsinnt sich der »Wut, in das HJ-Lager zu müssen«, und betont einmal mehr, er sei lieber zur Wehrmacht als zur Waffen-SS gegangen. Von seiner 1994 bekannt gewordenen Mitgliedschaft in der NSDAP kein Wort. Und auch nicht vom langen Schweigen. Er hat seit Mitte der 70er Jahre von der Existenz der Karte im Document Center gewusst. Wir sind umzingelt von Helden. Graf Lambsdorff – wundert es wirklich? – hatte schon früh Spaß an regimekritischen Abzählreimen: »Sechs kleine Meckerlein, die sahen einen Pimpf. Der eine sagte Lauselümmel, da warens nur noch fünf.« Überprüfungen der aufgetischten Geschichten sind allerdings unerwünscht. Geprügelt werden einmal mehr die Boten. *Den Eifer, mit dem manche Medien Achtzigjährigen politische Verfehlungen vorwerfen,* erregt sich der sonst so gelassene Schriftsteller Günther de Bruyn, *kann ich mir nur durch die Arroganz von Jüngeren erklären, die nicht fähig oder nicht willens sind, sich in historische Umstände einzufühlen.* Fühlen statt Denken. Darf man denn nicht einmal fragen?

Gab es in der Flakhelfer-Generation denn gar keine kleinen Nazis, die – für Minuten zumindest – ans tausendjährige Reich glaubten? In Dumonts Sammelband, dieser Krankengeschichte einer ganzen Generation, muss man lange nach ihnen suchen. Wir sehen uns umzingelt von Helden. Immerhin Herbert Ehrenberg, ein belesener Zeitgenosse, der einmal Bundesarbeitsminister war, zitiert Golo Mann: *Als H's Reich zerschlagen wurde, hat man fast gar keine Nationalsozialisten gefunden. Sie waren es nie gewesen, sie hatten nichts gewusst, sie hatten nur gezwungen mitgemacht ...*

Auch Günter Grass hat von Alfred Neven Dumont übrigens eine Einladung bekommen, er möge doch seine Geschichte, sein spätes Bekenntnis, als großes Kind der Waffen-SS gedient zu haben, noch einmal mit Abstand, ohne Werbetrommel für ein neues Buch, kommentieren. Er hat nicht geantwortet. Auskunft verweigert! Die fatale Schweige-Krankheit, an der viele Köpfe zerbrachen. Mein Vater weiß heute nicht mehr, wer er ist.

Er hat von früher Kindheit an lang mit sehr viel Kraft gegen das Kranksein gekämpft, ohne oft hohe Dosen von Cortison hätte er gegen sein Asthma keine Chance gehabt, Anfang der 60er-Jahre hatten ihn die Ärzte nach einer Sepsis schon aufgegeben, während der großen Depression hat er den Tod herbeigesehnt – aber in letzter Konsequenz hat er sich immer gewehrt, sich für das Leben und seine Bücher entschieden, für das Pläneschmieden, das er so liebte. Die Offenlegung der NSDAP-Episode aber, die hochnotpeinlichen Fragen zum jahrzehntelangen Schweigen eines nicht immer leisen Moralisten, entreißen ihm den Boden unter den Füßen.

Wie so viele seiner Freunde, die sich nach dem Krieg in der Gruppe 47 sammelten, hat er seine Identität als Schriftsteller und Mahner nicht allein auf artistischem Können, sondern nicht minder auf dem donnernden, glaubhaft vorgelebten antifaschistischen Bekenntnis gegründet. Das war der Leim, der eine ganze Generation von Dichtern und Denkern zusammenhielt, von Geistesmenschen, die den Krieg – und scheinbar auch dessen Propaganda – schadlos überlebt hatten. *Wo warst Du, Adam?* Die unbequemen, bohrenden Fragen wurden der Gesellschaft gestellt, nicht aber sich selbst. Der Name Walter Jens bürgte, wie der von Böll oder Grass, Paul Celan oder Peter Weiss, für den kompromisslosen Bruch mit dem Erbe der Nazi-Dichter, für einen Neuanfang, den es im bundesrepublikanischen Alltag rigoros einzuklagen galt. Mit wie viel – berechtigter! – Empörung hat er etwa dem Deutschen Fußballbund 1975 die unterlassene Aufarbeitung der eigenen braunen Vergangenheit vorgehalten, in leidenschaftlicher Rede die Manöver der Geschichtsklitterung nach 1945 gegeißelt. *Das, meine Damen und Herren, nenne ich mir fürwahr eine makabre Art der Selbstdarstellung.* Ich entsinne mich noch gut, er ist damals in Frankfurt richtig laut geworden.

Er stand, wer würde das bestreiten, unverbrüchlich auf der richtigen Seite – nun aber, im neunten Jahrzehnt seines Lebens, hatte er, nicht eben freiwillig, zu erklären, warum auch er einmal die Fronten geräuschlos gewechselt hatte. Einige, wie Ulrich Greiner in einer Polemik für die *Zeit*, sehen in jenem verborgenen Kapitel gar die Triebfeder für manche unnachsichtige Auslassung: *Wer anklagt (und die Anklage ist der cantus firmus aller politischen Einmischungen von Grass und auch Jens), schlägt sich unerkannt auf die andere Seite. Wie Odo Marquard einmal bemerkt hat: »Man entkommt dem Tribunal, indem man es wird.«*

Nun hätte man über den 19jährigen Parteigenossen bestimmt kein Tribunal halten müssen – und substanzlos waren seine Einsprüche gewiss nicht, diese Plädoyers für die bürgerliche Freiheit, ob es nun um die Notstandsgesetze oder um den großen Lauschangriff ging. Er hat oft Courage und politische Weitsicht bewiesen, aber mein Vater wird spüren, so wie bisher, als unangefochtene Instanz, wird er kaum weiterschreiben, weiterreden, weiterleben können. Da gibt es nun zu viele offene Fragen, denen er sich nicht mehr gewachsen fühlt. Er verfügt nicht über die kalte Selbstgewissheit eines Günter Grass. In den Wintermonaten 2003/2004 gibt er sich auf.

Er kämpft nicht an gegen die lähmende Traurigkeit – sein Gedächtnis verfällt rapide. Immer häufiger fallen ihm Begriffe und Namen nicht ein. *Die Tür zum Wortschatz im Gehirn klemmt*, schreibt Stella Braam in ihrem ergreifenden Bericht über ihren alzheimerkranken Vater, den niederländischen Psychiater René van Neer. Der hat, als die Demenz langsam Besitz ergriff von seinem Leben, die Wohnung mit kleinen Merkzetteln gespickt: Telefonnummern, Termine, wichtige Worte. Er fühlt sich, als spiele er *eine Partie Schach gegen einen mysteriösen Gegner,* und unternimmt, wie so viele Demente, letzte verzweifelte Anstrengungen, das Elend vor seinen Mitmenschen zu kaschieren.

Mein Vater tut nichts dergleichen. Warum auch? Wer vergessen will, wer sich nicht mehr erinnern mag, die Verbindungen zur Vergangenheit kappt, der braucht keine Gedächtnisstützen. Und auch keinen Schreibtisch mehr und keine Bücher. Er beerdigt den Traum, sein Leben eines Tages glücklich wie der bewunderte Autor des Stechlin zu vollenden. *Er starb, wie er gelebt hatte,* heißt es im Epilog seines Buches über Fontane, *als hommes de lettres, lesend, mit dem Stift in der Hand.* Er überfliegt eigentlich nur noch die Zeitung. Staunend, aber auch neidisch, manchmal sogar wütend schaut er zu, wie meine Mutter im Alleingang die Biographie über Hedwig Pringsheim binnen weniger Monate zu Ende bringt. Ende Mai 2005 ist sie fertig. Er steuert zu dem Titel, der es wiederum bis in die Spiegel-Liste schaffen wird, nur noch seinen Namen bei.

Wie klein und schwach muss er sich fühlen, er, dem Schreiben einmal identisch mit Atmen war? Am 6. Februar hört er auf, Tagebuch zu führen – nach mehr als 50 Jahren, in denen er, jeden Abend vor dem Schlafengehen, einen Riegel Schokolade im Mund, die zurückliegenden Ereignisse protokollierte. Der letzte Eintrag umfasst gerade einmal vier Worte: *Ich bin so erschöpft.* Jetzt wandern die roten, grünen, schwarzen Kalender mit den runden Abreißecken für immer in den Aktenschrank.

Was gibt es noch festzuhalten? Die alte Neugier auf die Welt, selbst das Interesse an den Freunden ist erlahmt. Er braucht keine Gesellschaft mehr. Manchmal zieht er sich über Tage nicht mehr richtig an, läuft, aller mahnenden Worte meiner Mutter zum Trotz, nur in Unterwäsche durchs Haus, dann wiederum stülpt er sich gleich mehrere Oberhemden über den Kopf. Allenfalls die bewährte Droge Publikum schafft gelegentlich noch ein paar Stunden Freude. Er liest – wenn auch gelegentlich mühsam – aus eigenen Werken. Für Andreas Ammers berührenden Dokumentarfilm *Der gute Mensch von Tübingen* schlendert er im Herbst 2005 über den Stadtfriedhof, hält inne an Uhlands Grab und zieht dann weiter zu einem etwas höher gelegenen Beet, das sich meine Eltern schon vor Jahren als Ruhestätte ausgesucht haben. Im Interview – sein Gesicht ist übersät mit Alterswarzen – spricht er sogar von Plänen. Nein, nur keine Autobiographie – aber das Neue Testament in Gänze würde er schon gern noch übersetzen. Er bittet das Fernsehteam in seinen Arbeitskeller, schlägt die zerzauste, mit viel Bleistift traktierte Bibel auf und überträgt einige Zeilen aus dem griechischen Original scheinbar mühelos ins Deutsche. *Vater, der Du in den Himmeln bist.* Der Plural sei dabei von zentraler Bedeutung. Ein letztes Kabinettstück fürs Fernsehen.

Gefragtsein, ein wenig Bewunderung heitert ihn auf. Aber die Anlässe werden seltener. Jeder Auftritt strengt ihn an. Er ist müde. Er sagt: *Es ist genug.* Mancher Gegner wähnt ihn sogar schon im Jenseits. Am 12. Mai 2005 ist im katholisch-fundamentalistischen Nachrichtenportal *Kreuznet* eine Meldung mit der Überschrift *Bischöflich verordnete Blasphemie auf Kosten Christi* zu lesen: *Unter dem Titel »Ich, ein Jud – Verteidigungsrede des Judas Ischariot« lud das Bistum Fulda am diesjährigen Karfreitag hochoffiziell zu einer Lesung über den Verräter Christi. Vorgetragen wurde aus einem Buch des verstorbenen Tübinger Philologieprofessors Walter Jens.*

Die Erinnerung kehrt zurück wie ein Feind, den man niemals besiegt.

Rafael Chirbes

V. Der gute Nachbar

Vielleicht hat er, der in Büchern zu leben verstand, sich des ihm liebsten Romans seines Freundes Wolfgang Hildesheimer erinnert, an diese beklemmende Verhör-Szene: »*Fühlen Sie sich schuldig, Herr Huncke?*«, heißt es in *Tynset*. Huncke beginnt zu zittern, *als seine Schuld aufgerufen war.* »*Herr Huncke, hören Sie mir jetzt bitte gut zu: es ist alles entdeckt. Alles, verstehen Sie?*«

Sein Leben hat sich verändert, als er am 11. Oktober 2002 in seinem Kellerzimmer wie jeden Tag den bereits sehnlich erwarteten Stapel mit der Post durchsah und auf den Brief von Christoph König stieß, der von der Entdeckung der Karteikarte im Document Center berichtete. Von nun an tickte die Zeitbombe. Wann wird sie hochgehen – noch vor oder erst nach dem nahenden 80. Geburtstag? Wer wird den Lexikon-Eintrag als erster entdecken – und wie steht er dann da? Die Angst, die er, der sehr ängstlich sein konnte, mit niemandem zu teilen wagte, muss groß gewesen sein. In einem Akt der Verzweiflung wird er das Schreiben aus Marbach zusammengeknäuelt und in den Papierkorb befördert haben. In seinen Akten verwahrt jedenfalls ist nichts. Weg damit! Tut nur weh.

Er hat keinem Menschen geschadet, er ist – kämpferischer Demokrat bis auf die Knochen – aber in der Beseitigung des winzigen Makels setzt auch mein Vater auf die Techniken deutscher Entsorgung.

Mir kommt die traurige, bis heute verstörende Geschichte meines Tübinger Wahlgroßvaters in den Sinn, die mich seit Jahren beschäftigt: die so lang beschwiegene Scharade eines Mannes, der, ganz anders als mein Vater, ein glühender, mörderischer Nazi gewesen war – und der meine Kindheit mit Herzensgüte begleitete. Unser alter Nachbar in der Tübinger Hausserstraße, Albert Schaich.

Eines Tages sei ich da gewesen, als fünfjähriger Steppke, erzählt mir Albrecht, der älteste Sohn, habe mich an den Jägerzaun gelehnt und nach einem Bonbon gefragt. Wozu denn ein Bonbon? Weil ich Zahnschmerzen habe und die Eltern seien nicht daheim. Beides war vermutlich geschwindelt. Aber fortan war ich Stammgast im Haus der beiden Volksschullehrer, das für mich, nicht nur wegen der Schublade mit den Süßigkeiten im kirschhölzernen Buffet, bald ein Hort der Behaglichkeit wurde, eine kleine behütete Welt mit einem gewaltigen Garten. Unter einer der drei Rotbuchen stand eine verwitterte Holzbank, Mobiliar eines erfüllten, friedvollen Lebens. Da saßen zwei, die in sich ruhten.

Im Hause Schaich schienen Konflikte und Blessuren

ein Fremdwort. Ein Stück heile Welt. Da durfte ich die ausrangierte Puppenstube, eine Hinterlassenschaft der beiden längst ausgezogenen Töchter, wieder in Betrieb nehmen. Vater Albert hatte beim Bauen sogar an einen Außentank fürs Badezimmer gedacht, der sich mit Wasser auffüllen ließ. So spielte ich mit Wonne Familie. Meine kleine Schwester, die hieß Liesele und war eine von Minna über Jahrzehnte hinweg immer wieder reparierte Puppe.

In meinem wirklichen Leben hatte ich keine Geschwister. Damals noch nicht. Liesele aber tröstete mich über die Fehlgeburten im Hause Jens hinweg. Zwei Babys, freudig angekündigt, dann aber nach plötzlichen Klinikaufenthalten wieder abgesagt. Der dicke Bauch meiner Mutter verschwand von einem Tag auf den anderen, ohne dass ich es hätte begreifen können. Mein einer Bruder, der wenige Stunden lebte, hat – nach einem alten Brauch der Herrnhuter Gemeinde – gar einen Namen. *Beatus*, der Glückliche, den kein irdisches Dasein beschwerte. *Wie trostreich,* hat mein Vater fast dreißig Jahre später einmal in einem Interview gesagt, *über den Friedhof in Königsfeld im Schwarzwald zu gehen, wo da steht: Geboren und heimgegangen, Beatus und Beata – schlichte Platten.*

Die Geschichte von Beatus Jens endete noch ein wenig schlichter. Mein Großvater Hans Puttfarcken ist im

Juni 1958 allein dem winzigen Sarg auf einem Hamburger Friedhof gefolgt. Meine Mutter lag noch in der Klinik. Mein Vater war auf Reisen. Beatus hat keinen Grabstein. Wir haben meinen Dreistunden-Bruder niemals besucht. Keine Blume. Kein Erinnern. Einzig verdrängter Schmerz.

Wenn es weh tat, verstummten die sonst so gern und ausführlich geführten Gespräche. Trauer und Abschied, Probleme, die sich einer raschen Lösung verweigerten, hatten in meinem beredten Elternhaus nicht sehr viel Platz. Den beiden Schaichs aber, die ich ehrfürchtig siezte, schien jeder Abgrund fremd. Wo es nach süßen Honigkerzen riecht, ist die Welt rundum in Ordnung. Minna hat mir gezeigt, dass eine Hausfrau, die auf sich hält, kleine Lavendelsäckchen zwischen die Bettwäsche legt, was meine Mutter sichtlich beschämte. Und Albert nahm mich bei der Hand und führte mich über die mit wildem Wein bewachsene Terrasse, auf der im Sommer die Lampions hingen, den Hang hinunter zum grün gestrichenen Stall. Zuhause: Überall Bücher. Bei Familie Schaich aber gab es Hühner, die Frühstückseier legten, zuvor aber gefüttert sein wollten. Und vor dem Essen wurde ein Tischgebet gesprochen, der Herr Jesus als Gast willkommen geheißen – und dann gab es Bescherungen vom Feinsten. Kleine Gerichte mit wundersam fremden Namen: *Pfitzaufs* hießen die Windbeutel aus Eierteig,

Bubespitzle die Schupfnudeln. Und der Quark mit den selbstgeernteten Gartenkräutern nannte sich *Muckeleskäs*.

Waren die Eltern auf Reisen, durfte ich bei den Nachbarn, die mir die Kindheit zur Kindheit machten, gar übernachten. Dann wurde selbst das ungeliebte Einschlafen zum schieren Vergnügen. Das wiederum lag an einer im Kaminfenster vorgewärmten Bettflasche aus Kupfer. Daheim hatten wir ein elektrisches Heizkissen. Der heiße Bottich, oben im kleinen Eckzimmer, konnte sogar glucksen. Man musste nur ein wenig an ihm schütteln. Vor dem Einschlafen hat Minna vom Stuttgarter Hutzelmännlein, Mörikes tröstendem Kobold, erzählt oder ein Kapitel aus *Nils Holgersson* vorgelesen.

Als daumengroßer Zwerg, versteckt im warmen Gefieder einer Wildgans, die Felder und Seen Smalands passierend, *weit entfernt von Kummer, Sorgen und allen Widerwärtigkeiten, die man sich denken konnte* – hätte der Tag behaglicher enden können? Abhauen, vergessen: Selma Lagerlöfs nordischer, in farbigem Linolschnitt eingebundener Roman hat, was damals kaum einer wusste, auch von den Träumen der beiden Schaichs erzählt, die mir – wie ich fühlte: mit sich und der Welt im Reinen – zuguterletzt noch ein Abendlied gesungen haben: *Kein schöner Land in dieser Zeit*. Albert, der, wenn das Tagwerk beendet war, tatsächlich Filzpantoffeln trug, hatte eine beruhigend tiefe Stimme – und am liebsten sang er *Nun ruhen alle Wälder*.

Die Wälder haben auch in den frühen Morgenstunden des 21. April 1945 geruht, als Albert Schaich, wie seine jüngste Tochter sagt, *im Riedlinger Forst für immer zerbrach*, der gute Nachbar, der ein Parteisoldat aus Überzeugung war: NSDAP-Mitglied seit Mai 1933, Schulungs-, Kassen- und Propagandaleiter, Lehrer und Dorforganist im schwäbischen Langenbeutingen, der so gerne Reserveoffizier geworden wäre. Immer wieder bittet er um sofortige Versetzung an die Front. 1941 endlich erfüllt sich der Wunschtraum. Schaich darf in den Krieg. Er wird abkommandiert an die Ostfront, macht bei Osipowitschi Hatz auf *verdächtige Elemente*. Er dient der ob ihrer Brutalität gefürchteten Geheimen Feldpolizei. 1944 kehrt er aus Russland heim, gänzlich unverletzt, und doch als Geschlagener. Er wird sogleich von der Gestapo-Leitstelle in Stuttgart übernommen. Er gelobt seinem Führer einmal mehr ewige Treue, schwört, für immer zu schweigen, und trägt fortan die Uniform mit dem Stern und den schwarzen Spiegeln: Eine neue Dienstmarke gibt es dazu: Schaich, Albert, Staffelunterscharführer.

Dieses zweite Ich meines Wahlgroßvaters schien für immer vergessen, bis im Sommer 1995, 50 Jahre nach Kriegsende, im *Schwäbischen Tagblatt* eine Recherche über die *tödliche Begegnung des Dettenhäuser Arbeiters*

Gottlieb Aberle mit dem späteren Konrektor Albert Schaich: eine Deutschstunde und blinde Gefolgschaft im Dritten Reich erschien. Die fundierte Recherche war so schmerzhaft genau, dass mir meine Eltern erst ein knappes Jahr später davon erzählten. Sie wollten ihren damals immerhin 41jährigen Sohn nicht unnötig belasten, würden ihm aber – versprochen! – den Artikel der Tagblatt-Kollegen Schmidt und Stelzer nach Frankfurt schicken. Er ist niemals angekommen.

Es ist in der Tat eine grausame Geschichte, die auch vom *Hotel Silber* erzählt, dem Stuttgarter Gestapo-Gefängnis, in dem es nach Pisse und süßlichem Eiter roch. Der Gestapo-Wachmann Schaich, der hier in den letzten Kriegsmonaten Dienst tat, hat in den Zellen so manchen jämmerlich sterben sehen. Im April 45 aber ging selbst bei der Gestapo die Angst um, ein Seitenflügel war bereits bombardiert. Es blieben allenfalls Tage, bis die Alliierten den barbarischen Knast entdeckten, die Insassen befreiten mit ihren Striemen und offenen Wunden, gerissen durch den täglichen Einsatz der Stahlruten. Die Amerikaner, die Franzosen würden Rache nehmen. Die letzte Chance die Flucht.

Die geheimen Stabspolizisten brechen auf zu einem Gewaltmarsch. Ihre Mission lautet: Überführung der Sträflinge aus dem *Hotel Silber*. So ziehen sie nun über die Schwäbische Alb. Für die Gefangenen gibt es nur schimmeliges Brot. Drei Häftlinge sind dermaßen entkräftet, dass sie die Tortur nicht überleben. Am 6. April erreicht der Elendszug sein Ziel, das Amtsgerichtsgefängnis in Riedlingen. In vier Tagen hat der Treck rund hundert Kilometer zurückgelegt. Der Krieg ist lange verloren, auch im Süden liegen ganze Städte in Trümmern, Stuttgart, Heilbronn und Pforzheim vor allem … Doch das Fernsprechnetz der braunen Staatssicherheit funktioniert, trotz Stromausfall und Fliegeralarm.

Am Abend des 20. April, Hitler feiert in Berlin seinen 56. Geburtstag, erreicht die Einsatzleitung des Riedlinger Knasts ein dringlicher Anruf, der im Jargon der den Tod verwaltenden Technokraten *Polizei-Ausnahme-Sondergespräch* heißt. Ein Befehl der Gestapo in Stuttgart, telefonisch über die Kommandantur Tuttlingen weitergeleitet: Drei Häftlinge seien umgehend zu liquidieren. Eigentlich, so die knappe Begründung, habe die Hinrichtung schon früher stattfinden sollen, aber in Stuttgart habe die Zeit nicht mehr gereicht. Das muss genügen. Ein Gerichtsurteil gibt es nicht.

Was haben die drei getan? Andreas Stadler, gerade einmal 20 Jahre alt, wird der Fahnenflucht bezichtigt. Der Schlosser Hermann Schlotterbeck ist schon qua Sippenhaftung verdächtig, er entstammt einer kommunistischen Familie aus Untertürkheim. Der Maurer Gottlieb Aberle schließlich, auch er Kommunist, hat Anfang Februar 45 im Schönbuch zwei abgeschossene kanadische Piloten gefunden. Beide blutend, bewusstlos. Auf einem Pferdekarren bringt Aberle die Männer heim nach Dettenhausen, verbindet ihre Wunden – und erkennt, dass die beiden ohne ärztliche Hilfe verloren sind. So übergibt er sie – weil er glaubt, die Nazis befolgten wenigstens die Haager Landkriegsordnung, am nächsten Morgen den Tübinger Behörden. Wenige Tage später wird Aberle festgenommen. Er habe zwei Feinden des Reichs zu essen gegeben, deutschen Verbandsmull missbraucht, sich also im Klartext der Feindbegünstigung schuldig gemacht. Man schafft ihn ins *Hotel Silber*. Gottlieb Aberle ist dem Tode geweiht.

Früh um Fünf, als die Morgendämmerung anbricht am 21. April 1945, wird der Gestapo-Wachmann Schaich, der in der evakuierten Kleinkinderschule schläft, zum Dienst geweckt und begibt sich auf jenen Marsch, der ihn bis zu seinem Tod 1990 verfolgen sollte. Begleitet wird er von den Kameraden Geiger und Rentschler – und dem Kommandanten, der die Aktion leitet, Emil Held. Gemeinsam treiben sie die drei Gefangenen aus ihren Zellen. Rund eine halbe Stunde ist es bis zur Grube am Riedlinger Forst. Ungelenk, mit Schließen aneinander gefesselt, passiert das Trio den Weibermarkt mit den mittelalterlichen Fachwerkhäusern. Die Männer überqueren das Wehr an der Donau. Über einen Feldweg marschieren sie am Waldsaum entlang. Jeder der Delinquenten, wird sich später ein Bauer erinnern, der die Drei vom Fenster aus sieht, habe einen Spaten in der Hand getragen. Ob sie ahnen, dass sie von dieser Wanderung niemals zurückkehren werden?

Nebel steigen auf über den Erlen und Weiden. Bis zur Donau sind es keine 200 Meter. Es ist noch kühl auf der Alb an diesem Morgen. Sie sprechen kein Wort. Zu hören ist einzig das Scharren der eisernen Fesseln. Dann erreichen sie die Grube. Kommandoführer Held, so ist es in den Akten des Staatsarchivs Ludwigsburg festgehalten, gibt einen schnarrenden Befehl: *Jeder schießt auf den Kopf seines Vordermanns!* Gestapo-Mann Rentschler wird 1950 teilnahmslos vor Gericht aussagen, er habe, weil die Waffe des Kameraden Geiger versagte, der also nicht habe abdrücken können, gleich zwei Häftlinge exekutiert: Schlotterbeck und Stadler. Das bedeutet: Albert Schaich hat jenen Mann getötet, dessen letzte Worte überliefert sind. *Ach Leut*, rief der Schwabe Gottlieb Aberle, wandte sich um und schaute seinem Schlächter ins Gesicht. Sekunden später traf ihn die Kugel. 7,65 Millimeter. Der finale Genickschuss. Der Moment, in dem der Gute-Nacht-Lied-Sänger meiner Kindheit zum Mörder geworden ist.

Als der Krieg zu Ende war, hat er sich verantworten müssen. Vor dem Landgericht Ravensburg plädiert er auf nicht schuldig und beruft sich auf einen vermeintlichen Befehlsnotstand, damals die gängige Argumentation in so vielen NS-Prozessen. Er habe keine andere Wahl gehabt, als zu schießen. Die näheren Begleitumstände der Tat, sagt er, seien ihm leider entfallen. *Mein Bewusstsein war so eingeengt, dass ich nicht mehr weiß, was geschehen ist.* Amnesie scheint die einzig mögliche Verteidigungslinie. Der Berichterstatter der *Stuttgarter Zeitung* schreibt am 26. Mai 1948: *Auch der Vorhalt, daß Hinrichtungen nur nach einem ordentlichen Gerichtsverfahren zulässig und rechtsmäßig seien, vermochte die Ansicht des Angeklagten nicht zu erschüttern.* Der Staatsanwalt spricht von einem gesetzeswidrigen, ja willkürlichen Gewaltakt und fordert ein Jahr Gefängnis. Das Gericht mochte dem Antrag nicht folgen und sprach Schaich frei. Der Angeklagte habe bei einer Befehlsverweigerung damit rechnen müssen, selber erschossen zu werden.

Zwei Monate später urteilten die Juristen der Spruchkammer Öhringen weit schärfer. Schaich sei ein *aktiver und überzeugter Nationalsozialist* gewesen und darum nur in die Kategorie der Hauptschuldigen einzuordnen. *Blinder Gehorsam gegenüber Befehlen der Vorgesetzten ist in keiner Amtspflicht begründet, so weit ging nicht einmal die militärische Disziplin.* Verhängt wurden zwei Jahre Arbeitslager und damals recht empfindliche 2000 Mark Strafe – zur *Wiedergutmachung*, was immer das bei einem

Tötungsdelikt geheißen haben mag. Ihm wird die Rente gestrichen, man entzieht ihm das Wahlrecht. Er darf kein Unternehmen gründen, nicht als *Lehrer, Prediger, Redakteur oder Rundfunk-Kommentator* tätig sein. Nicht einmal der Besitz eines Kraftfahrzeug-Führerscheins wird ihm für die fünf kommenden Jahre konzediert.

An der Schwere der Schuld ließen die Richter keinen Zweifel. *Die Tat stellt ein Verbrechen gegen die Menschlichkeit dar.* Aber schon zwei Jahre später hatte sich der Wind in der beginnenden Adenauer-Ära, auch und gerade in der Justiz, gedreht. Einer *kurzen Phase der Dünnheutigkeit,* schrieb Dolf Sternberger, der wahrlich kein Linker war, folgte jene *vitale Vergesslichkeit,* die – so grundlegend unterschiedlich die Fälle liegen – viele, viele Jahre später auch meinen Vater ereilte und Albert Schaich die Rückkehr in den Schuldienst ermöglichte. 1950 stellte eine Berufungssspruchkammer in Stuttgart das Entnazifizierungsverfahren für alle Zeit ein. Schwamm drüber! Der Mord im Riedlinger Forst schien alsbald gnädig vergessen. Und doch ...

Jeden Morgen kurz nach Sechs, erinnert sich Georg, der Schwiegersohn, ging Mutter Minna – der Vater war noch im Bad – die zehn Schritte bis zum *Gartentörle,* um das *Blättle* aus dem Briefkasten zu holen. Stellte zwei Kaffeetassen und einen Laib Bauernbrot mit großen, luftigen Löchern auf das karierte Tuch des Esstischs. Butter und

Gsälz dazu, die gutschwäbisch eingekochte Erdbeermarmelade. Setzte die Brille mit den dicken Gläsern auf und begann – hastig, getrieben, so ganz gegen ihre Gewohnheit – mit der Lektüre der Zeitung. Schien mehr zu suchen denn zu lesen. Legte Albert, der gleich fertig sein musste mit der Rasur und ihr auch heute stumm gegenüber sitzen wird, den überregionalen Teil auf den Teller.

Was kümmerte sie die schwächelnde Gesundheit des Reformpapstes Johannes oder der jüngste Weltraumflug einer Gemini-Kapsel. Auch das Lokale, die *Tübinger Chronik*, die nimmer endenden Kräche am Landestheater, die Planfeststellungs-Verfahren vor dem Bau des Schlossbergtunnels überflog die 60jährige nur. Nein, Minna Schaichs allmorgendliche Neugier auf die Zeitläufte galt der drittletzten Seite, auf der gewöhnlich die Todesanzeigen standen.

Wisst Ihr, der Vater, so nannte sie ihren Albert, mit dem sie seit 1928 verheiratet war, auch unter Freunden und Bekannten, *der Vater hat da noch eine Geschichte.* Mehr hat die beliebte Grundschullehrerin mit dem Knoten im Haar niemals verraten über ihren sonderbaren Zeitungstick, über die Anziehungskraft der schwarzumrandeten Inserate. Nur einmal, sagt Georg, habe Minna etwas von einem Drohbrief getuschelt und dabei ein seltsam konspiratives Gesicht gemacht. Da gebe es in den umliegenden Gemeinden zwei alteingesessene Familien, die Aberles und Schlotterbecks, allesamt Kommunisten, die ihrem Albert schon seit Ende der Vierziger Jahre das Dasein versauern würden – und deren Ableben Minna – eigentlich sei sie ja eine friedliebende Frau – nun Tag für Tag herbeisehnte. Damit endlich Ruhe einkehre und man wie die anderen Familien in der Hausserstraße den eigenen Namen auf die Mülltonne schreiben könne – und nicht nur das Kürzel A.S.

Erst wenn die Kommunisten verstummt wären, die – so Minna Schaich Dezember 1949 in einem Klagebrief an das Kultusministerium in Stuttgart – *den Fall in ihrem Sinne ausschlachteten*, sei die leidige Sache von damals für immer aus der Welt. *Das Feindbild als Zuflucht – das war ein zuverlässiger Hort, in dem man mit gutem Gewissen sein Gedächtnis verkümmern lassen konnte*, schreibt Gabriele von Arnim. *»Als wir Nazis waren«* – das sagte kaum einer. *»Die Russen kommen«* – davor warnten viele.

Was wäre gewesen, hätten meine Eltern und ich um die Todesschüsse im Riedlinger Forst gewusst? Wie wären wir dann diesem Mann begegnet, dessen freundliche Fürsorglichkeit ein Geschenk für mich war, dessen klammheimliche Nazi-Existenz Empörung, dessen ganz selbstverständlicher Wiederaufstieg als Lehrer im Nachkriegsdeutschland Wut provoziert und dessen Ratschlägen Familie Jens, wenn es ernst wurde, bedingungslos vertraute? Wofür ich ihm übrigens bis heute dankbar bin.

Wäre es nach Wahlgroßvater Albert gegangen, hätte ich jedenfalls die Tübinger Waldorfschule niemals von innen gesehen. Leider waren meine Eltern – überredet von einem sonst aufgeklärten Ordinarius der Erziehungswissenschaft – zu einer anderen Entscheidung gekommen. So lernte ich den rechten Winkel zu hassen und akzeptierte, fürs erste ausschließlich mit blauen und gelben Farben zu pinseln. Grün und Rot hatten Steiners Epigonen erst für Klasse Zwei vorgesehen.

Mehr als ein Jahr hielt ich durch. Inzwischen hatte mich die Klassenlehrerin in anthroposophischen Straflektionen, die ich zweimal pro Woche nach dem Unterricht zu erdulden hatte, von einer Waldorf-Therapeutin bereits vom Linkshänder zum Rechtshänder umdressieren lassen. Hühnerfüttern hieß die Übung. Das aber war kein freudiges Abenteuer wie in Schaichs Garten, sondern ein recht brutales Exercitium. Die Abrichtung eines Sechsjährigen. Die Linke, die Nehmehand, ruht passiv auf dem Bauch, indes die Rechte, die Gebehand, bis zur völligen Erschöpfung durch die Luft zu schleudern ist.

Irgendwann bin ich ausgerastet. In einer dieser nimmer enden wollenden Eurythmie-Stunden, von angestrengtem Klaviergesäusel begleitet, schmiss ich den obligaten, angeblich mental mitschwingenden Kupferstab ausgelassen durch den Saal. Die weihevolle Stimmung: im Eimer! Die Klassenlehrerin, ein Fräulein Schaller, machte nicht mehr *Sü-Su-Seuse*, sondern ihrem Namen alle Ehre und drosch auf mich ein. Als ich mittags nach Hause kam, hatte ich die Konturen der schallernden Hände noch auf der Backe. Was tun? Rüber zu Nachbar Schaich, wohin denn auch sonst! Der hatte zwar, was niemand ahnte, daeinst ohne jede Gefühlsregung einen Menschen totgeschossen. Doch angesichts meiner vergleichsweise harmlosen Striemen verlor er die Fassung. *Sofort in die Klinik, da muss ein Attest her!* Das werde reichen, um binnen Stunden die Schule wechseln zu können. Schon einen Tag später war ich erlöst. Umgemeldet nach Lustnau, dem Vorort mit den endlos vielen Brunnen. Und durfte jene Schule besuchen, an der auch Minna unterrichtete. Konrektor Schaich hat den Blitztransfer beim Oberschulamt tatkräftig beschleunigt. Albert, der Retter. Für mich wirklich ein Held.

Wie nah sie sich sind, die doppelten Schaichs, der gute und der böse, mein Beschützer und der Schütze im Riedlinger Wald. Am Schreibtisch lässt sich mit den verhassten Nazis weit leichter abrechnen als im wirklichen Leben. Vor einigen Jahren bin ich der Geschichte meines Nachbarn nachgegangen, damals interessierte mich allein das Portrait eines gemütlichen Mörders, die freundliche Maske der Brutalität. Heute frage ich mich: Wenn schon mein armer Vater am Verstecken einer winzigen Jugendsünde, einer kleinen völkischen Episode verzweifelt ist, wie mag es dann dem gutmütigen Albert Schaich gegangen sein, an dessen Händen, die nun mit Schieferkreide an der Schultafel malten, das Blut des Maurers Gottlieb Aberle klebte?

Die Schüler der Melanchthon-Schule haben ihn geliebt, das Oberschulamt hat ihn wegen des akuten Lehrermangels bis ins 70. Lebensjahr weiter unterrichten lassen und die rebellische Gewerkschaft Erziehung und Wissenschaft hat ihrem äußerst regen Mitglied die Ehrennadel verliehen ... Aber wehe ihm, wenn einer öffentlich über die Morgenstunden des 21. April 1945 gesprochen hätte! Es war ein Leben in Angst und ein Leben mit einem gespenstischen Ende, das ich freilich nur aus Erzählungen kenne. 1965, als wir ins eigene Haus auf den Apfelberg zogen, haben sich unsere Wege getrennt.

Eine große Reise haben sich Minna und Albert noch gegönnt. Nach Norwegen, in Nils Holgerssons Land des Vergessens. Und dann ist es, sagt Christian, der Enkel, von Jahr zu Jahr stiller im Haus des Großvaters geworden, nach dem Tod Minnas 1984 erst recht. Christian hat, als er im Jahr darauf, zu Alberts großer Missbilligung, den Wehrdienst verweigerte und lieber in Tübingen Querschnittsgelähmte betreute, ein gutes Jahr beim

Opa gewohnt. Gesprochen haben sie kaum miteinander, nicht einmal beim Essen. Da lief stets das rote Transistor-Radio. Ein Grund zu reden fand sich allenfalls, wenn es wieder einmal Streit gab, weil der Enkel in seinem Zimmer nicht aufräumen wollte. Die äußere Ordnung hatte zu stimmen.

Einmal, 1973, hat unser alter Nachbar über ein paar Wochen in einem schwarzen Schulheft den Ablauf seines Alltags protokolliert. Alles zwanghaft genau. *27. April: Drei Achtel Regenwasser aus der Rinne geschöpft. 28. April: Petersilie gesät. 1. Mai: 10 Wirsing. 10 Salat. Wäsche. 13. Mai: gelbe Rüben, Gehstock über AOK-Gutschein gekauft, 28 Eier.* Menschen kommen in dem Diarium kaum vor, und wenn doch, dann in Gestalt eines Versäumnisses: *Eberhards Geburtstag vergessen.* Er hat sich eingeschlossen in seinem Haus, im Keller irrwitzig große Vorräte an Mehl und Honig gebunkert, weil das nicht verderbe. Allzeit bereit für den Ernstfall.

Wir sind bedroht, war einer der wenigen Sätze, die er herausbrachte, wenn er Schlag Acht Uhr vor der Tagesschau saß. *Er hat*, sagt Georg, *spätestens nach Minnas Tod nicht mehr in der Gegenwart gelebt.* Ein Mann, von Demenz gezeichnet. Die alten Bilder aber wollten nicht weichen. Wenn irgendeine Truppe – und sei es ein Söldnerheer in Afrika – auf dem Bildschirm erschien, dann ist Albert zusammengezuckt. *Jetzt kommen die Russen.* Und war in den Nachrichten ein Mann mit großer Nase zu sehen, dann hieß es: *Der sieht aus wie ein Jud.* Er hat ihn all die Jahre nicht abbauen können – allenfalls für einige Zeit einsperren, die alten Feindbilder, die nun immer wieder aus ihm herausbrechen.

Wenige Monate vor seinem Tod hat Albert noch einmal Besuch von seinem Berliner Enkel bekommen. Als er eines Abends aus der Stadt zurück ins Haus des Großvaters kam, sind sich die beiden im Korridor begegnet. Vor ein paar Stunden hatten sie noch gemeinsam zu Abend gegessen, schweigend wie immer. Jetzt aber erkennt er den Enkel nicht mehr, starrt ihn eine Weile an. Dann brüllt er los: *Wenn Sie nicht augenblicklich mein Haus verlassen, mache ich von der Schusswaffe Gebrauch.* Am Ende holt ihn die Vergangenheit ein. Sie lassen sich nicht länger betäuben, die tödlichen Kommandos aus Russland und Riedlingen. Die Schreie und Schüsse. Der Teufel der Erinnerung, der Albert Schaich seit über 45 Jahren den Frieden nahm.

Dabei konnte der Nachbar meiner Kindheit doch so wunderschön singen.

Der Demenzkranke sieht sich mit einer ganzen Reihe von Vorurteilen konfrontiert. Erstens: Dementierende Menschen begreifen nichts mehr. Zweitens: Sie sind weniger wert als andere. Drittens: Man kann nicht mit ihnen kommunizieren. Viertens: Sie sind per Definition unwillig. Fünftens: Demenz nimmt dem Leben den Glanz. Sechstens: Bei Demenz ist nichts zu machen.

Stella Braam: Ich habe Alzheimer. Wie die Krankheit sich anfühlt, 2007

VI. »PAPI, LASS UNS REDEN«

Der Termin, von dem er so oft sprach, rückt näher. *Ich denke, bald ist es soweit.* Vor ein paar Tagen hat er sein liebstes Bild im Wohnzimmer, das Portrait seines Hausheiligen, nicht mehr erkannt und ratlos auf den Mann mit dem dicken Schnauzer geguckt, auf Liebermanns Fontane. *Wer war das noch mal?* Name entfallen – kann ja passieren. Aber den Mann an der Wand, den hat er einmal wie kaum einen anderen Kollegen gekannt. Sie schienen per Du, jedenfalls sprach er meist von *Theo*; ihm, dem Bruder im Geiste, hat er eines seiner lebendigsten Bücher gewidmet, eine heitere Eloge auf 120 Seiten: Theo als Kritiker und Christ, als Genie auf dem weiten Feld der Gesprächskunst, vor allem aber Theo als Gatte, dessen Definition von Ehe er gern auf das eigene Dasein zuhaus übertrug: *Strenges Glück*, da hat ihm einer aus dem Herzen gesprochen. Und nun verschweigt ihm das Gedächtnis den Namen.

Die Wortfindungsstörungen häufen sich. Die Unterhaltungen werden zum quälenden Quiz. *Ihr wisst schon, der Mann mit der Mütze.* Wir aber tappen im Dunkeln. Wen mag er meinen? *Lebt er in Hamburg?* Er zieht eine schmerzverzerrte Grimasse. Nein, von da kommt er nicht. *Akademie in Berlin?* Auch das ist daneben. Er wird wütend. Meine Mutter versucht, das Gespräch auf ein anderes Thema zu lenken. Er aber beharrt, über den Mann mit der Mütze zu reden. Also machen wir weiter. *Eine Pudelmütze?* Er schüttelt traurig den Kopf. Versteht ihn denn keiner? Nach zehn Minuten endlich ist Richard Brinkmann, der Tübinger Freund und Universitätskollege mit der Baskenmütze, gefunden. Mein Vater lacht. Geht ja doch noch. Wenig später beginnt das Ratespiel von vorn. *Wie heißt das, was ich habe?* Die Vokabel *Wortfindungsstörung* will nicht in seinen Kopf – und plagt ihn doch sehr. Dann wieder gibt es Tage, da scheint er vollkommen klar.

Ich denke, bald ist es soweit. Auf einem Spaziergang im Frühherbst 2005, oben am Heuberger Tor, hat er mich beiseite genommen. Ob mein Wort denn weiterhin gelte und ich ihm helfen, beistehen würde. *Mami weiß selbstverständlich auch Bescheid. Aber vielleicht ist es besser, wenn Du mit Dorfmüller sprichst.* Dorfmüller, der Name ist geändert, der Hausarzt über Jahre, sein Doktor Max Schur, der ihm schon vor Jahren versprochen hatte, dass er ihm, wenn es Zeit sei und es keine Hoffnung mehr gäbe, mit den nötigen Medikamenten *den kleinen Übertritt erleichtern werde*, damit er, wie Sigmund Freud im September 1939, ohne Qualen aus dem Leben scheiden könne. Wie oft hat er sich seine letzte Stunde vorgestellt, deren Ablauf er in der Hand behalten wollte. Am Totenbett seine Frau, die – sein sehnlichster Wunsch! – bitte nicht vor ihm sterben möge, auf dass ihm, wie Wolfgang Hildesheimer, *die Einsamkeit inmitten von Attributen der nicht mehr Lebenden erspart* bleibe. Dann wir, die Söhne – und ein Arzt, der seinem Patienten *aus großem Erbarmen beim Sterben behilflich ist, bei ihm bleibend und die Hand haltend.*

Dorfmüller, ein besonnener Praktiker, Anfang 50, weiß um die Schwere seines Versprechens. Mein Anruf, die Bitte um ein vertrauliches Gespräch, überrascht ihn nicht. Er war der erste, der sich – ein paar Monate zuvor – getraut hatte, mit der Diagnose rauszurücken. Irgendwann bei einem Routinebesuch in der Sonnenstraße, es sei schon eine Zeit her, sei er Zeuge geworden, wie mein Vater im Haus herumirrte, das Gebiss gesucht habe, das sich schließlich, entgegen aller Logik, im Vorratskeller wiederfand. Da hat er zum ersten Mal Verdacht geschöpft. Und dieser Verdacht habe sich, auch nach einer Tomographie des Hirns, aus seiner Sicht bestätigt. Mit Prognosen sei es schwer. *Aber das Ende kann grausam sein,* sagt er – zu meiner Mutter und mir, während wir, vis-a-vis von Theo, im Wohnzimmer sitzen. Mein Vater hat sich nach einer Injektion in die Bibliothek verzogen. Er weiß nicht um den Befund. Dorfmüller hat Recht: Wir müssen, wenn wir das für angezeigt halten, schon selber mit ihm reden.

Meine Mutter und ich ziehen es vor, erst einmal einvernehmlich zu kneifen. *Du schaffst das, Walter, wenn die Depression vorüber ist, geht es wieder bergauf.* Ersatzweise ich: *Papi, so ein Benzo-Entzug tut weh, aber in ein paar Monaten sitzt Du mit altem Elan an Deiner Bibelübersetzung.* Bei Freunden und Bekannten suchen wir Rat und suchen Hilfe, überlegen, wie das Haus eines Tages pflegegerecht umgebaut werden könne. Er aber wird von uns hingehalten, seien wir ehrlich: belogen, entmündigt. Wir faseln von Hoffnung, die er selbst nicht mehr hat. Gelegentlich schaut er mich mitleidsvoll an, wenn ich von seiner baldigen Besserung spreche, als wolle er mir sagen: Das glaubst Du doch selber nicht. Weiß er nicht lang schon über seine Erinnerungskrankheit Bescheid?

Ich denke, bald ist es soweit. Das bedeutet: Jetzt tut endlich was! Wie zwei Verschwörer treffen wir uns, Doktor Dorfmüller und ich, an einem Samstag Nachmittag in einem Café unweit des Tübinger Bahnhofs, das schon zu meinen Schülertagen trostlos war. Ja, er stehe zu seinem Wort, er werde, wenn es sein müsse, helfen, das könne ich ausrichten daheim, aber fürs erste bleibe noch ein anderer Weg als der in den Tod. Es gebe ein Medikament, das die Symptome lindere, ja den Demenz-Kranken, er habe das bei einem anderen Patienten jüngst selber erlebt, in ein beinah normales Leben zurückholen könne. Allerdings nur für eine definitiv begrenzte Zeit. Mit mehr als einem halben Jahr dürften wir nicht rechnen. Das aber ließe sich nutzen, nicht zuletzt, um in der Familie noch wichtige Dinge gemeinsam zu regeln.

Wenige Tage später bekommt er das Wundermittel, das mit dem Slogan *Länger ich – länger miteinander* für seine Dienste wirbt. Was aber, wenn mein Vater, der eine Vorliebe hat für Krankengeschichten und zeitlebens genau darauf achtete, dass er nur verschreibungspflichtige Medikamente verordnet bekam (*alles andere hilft nichts*), den Beipackzettel des Antidementivums entdeckte? Die Indikation lässt wenig Raum für Zweifel: *Memantin kann bei mittelschwerer bis schwerer Alzheimer-Demenz und auch schon im Frühstadium der Krankheit eingesetzt werden. Der Wirkstoff verbessert die Denk- und Handlungsleistung der Patienten, kann jedoch bestenfalls den Fortschritt der Alzheimererkrankung verlangsamen, geheilt wird die Krankheit dadurch nicht.* Alzheimer ohne Chance auf Heilung – wird er das verkraften?

Das Problem findet nach Art des Hauses eine pragmatische Lösung. Das Beiblatt, das über Stärken und Grenzen des Heilmittels informiert, wird im Papierkorb entsorgt. Mein Vater weiß nicht, was er fortan Morgen für Morgen schluckt. Wir geben ihm – auch als ein halbes Jahr vergangen ist, seit wir von der Diagnose erfuhren – keine Chance, sich mit der letzten Geschichte seines

Lebens auseinanderzusetzen. Da war die niederländische Journalistin Stella Braam mutiger, die mit ihrem dementen Vater Tacheles geredet hat. Der war ihr dafür sogar dankbar. *Ich betrachte es als Herausforderung: Was passiert am Ende des Lebens mit dem Geist? Alzheimer ist ein Abenteuer. Ich lasse mich darauf ein.* Mein Vater aber ist nicht eben vorbereitet in dieses Abenteuer hineingeschliddert.

Meine Mutter und ich haben lange diskutiert und freundlich abwägend gestritten, auch in den Monaten, als das Memantin Wirkung zeigte und er tatsächlich wieder munterer und klarer wurde, im Mai 2006 sogar noch eine kleine, allerletzte Rede hielt, zum 100. Geburtstag seines Eimsbütteler TV. Wir wussten, die Tage des Wachseins waren gezählt. Ich hätte mich gern zu meinem Vater auf den Sessel neben dem Lehnstuhl gesetzt. *Papi, lass uns reden.* Es wäre gewiss ein langes und trauriges Gespräch geworden, wir beide haben nah am Wasser gebaut. Aber wir hätten Abschied nehmen können, Bilanz ziehen einer über 50jährigen Vater-Sohn-Geschichte, die für mich, das hätte ich Dir gern noch einmal gesagt, meist um einiges einfacher war, als das mir viele einreden wollten. Nein, Du hast mich nicht in Deinen Schatten gestellt.

Abschied nehmen – das heißt reinen Tisch zu machen, bevor man für immer auseinander geht. Abschied ist die unwiderruflich letzte Chance zur Offenheit – im Angesicht des absehbaren Endes. Ich hätte mich gerne bedankt bei Dir – und Dich nach Deinem vielleicht größten Geheimnis gefragt, wie Du das geschafft hast, nein, nicht das Leben mit den Büchern – sondern ein halbes Jahrhundert gelebte Monogamie. Und ich hätte gerne gewusst, wie es sich anfühlt, wenn einem das Gedächtnis wegdämmert, ob Du Angst hast davor oder ob es für Dich auch ein gnädiges Vergessen gibt, die Ohnmacht der Erinnerung. War es wirklich ein Zufall – an den Du, der Kenner, Interpret und Übersetzer antiker Tragödien ohnehin nie geglaubt hast –, dass Dich das große Vergessen, die Demenz, der *heimtückische Nebel*, so hat es John Bayley gesagt, just in dem Augenblick überkam, als ein philologisches Fachlexikon die Existenz der NSDAP-Mitgliedskarte 9265911 offenbarte?

Vielleicht hätte ich, wäre es zu diesem Gespräch gekommen, Dir im Moment des Abschieds wirklich etwas zurückgeben können: die Gelegenheit, über Dein Leben, über Dein Sterben, so wie Du es wolltest, in Kenntnis der Fakten, selbst zu bestimmen. *Papi, Du bist dement.* Dieser eine Satz hätte genügt. Hätte und wäre – Ausflüchte im Konjunktiv. Es hat nicht sollen sein. Wir haben ihn nicht eingeweiht in seine Krankheit. *Er wird an der Diagnose zerbrechen*, hat die Frau, die ihn am besten kennt, gesagt, *umbringen wird er sich nicht, doch er wird tief und endlos verzweifeln*. Das bedeutet weiter falsche Hoffnung säen. Aber ich habe gut reden mit meiner Aufklärungswut. Ich lebe und arbeite in Frankfurt. Meine Mutter aber würde in Tübingen die Folgen Tag für Tag spüren. Sie müsste ihn auffangen. Also weiterhin kein Wort über Demenz oder Alzheimer gar. Auch ich werde schweigen. Unwürdig ist dieser Abschied trotzdem. Irgendwann wird er mich nicht mehr erkennen. Das ist es dann gewesen.

Und doch: Ein kleiner, festlicher Abschied war uns vergönnt. Juni 2006. Das deutsche Sommermärchen ist in vollem Gang. Mein Vater, der einstige Festredner zum 75. Jubiläum des DFB, hat zwei Ehrenkarten für das Weltmeisterschaftsspiel Frankreich – Schweiz bekommen. Ich darf ihn begleiten. Noch einmal ziehen wir los. Ein letzter *Männertag*, so nannten wir, als ich klein war, unsere allmonatlichen Streifzüge durch die Stadt. Erst zum Friseur in die Nauklerstraße, danach haben wir die Post aus seinem Universitäts-Arbeitszimmer geholt, bis wir endlich im Musikhaus Kreul einliefen, wo ich mir mit einem Kopfhörer, der wie eine gepolsterte Duschbrause aussah, eine Seite der neueste Schallplatte mit dem Hohensteiner Kasper anhörte, die dann, nachdem ich versichert hatte, so aufregend sei noch kein Abenteuer zuvor gewesen, für 4 Mark 95 den Besitzer wechselte.

Nach rund 45 Jahren also noch einmal Männertag. Wir haben ihn über Monate geplant. Bis zum Stadion nach Stuttgart ist es nicht einmal eine Stunde. Das schafft er bequem. Es ist heiß an diesem Dienstag, als Herr Topusz, sein alter Chauffeur, uns abholt. Mein Vater ist hellwach. Er erwägt sogar, den Schweizerpsalm mitzusingen. *Wenn der Alpenfirn sich rötet, betet, freie Schweizer, betet!* Er hat sich den Text daheim noch einmal angeschaut, weil er, wie es seine Art ist, zu den Schwächeren halten will, also zu Köbi Kuhn und seinen Kickern. Aber vor dem Anpfiff geht es erst einmal – merkwürdig fremd – in den VIP-Bereich. Lauter wichtige Menschen mit Bierseideln und ziemlich überhäuften Tellern. Viele erkennen ihn und grüßen freundlich. Ihm ist es zuviel. Er zeigt auf eine Bank am Rand. *Kannst Du mir ein Glas Sprudel und zwei Kummen Schokoladenpudding holen?*

Wohl wird ihm erst wieder beim Absingen der Hymnen. Die Stimmung in der Cannstatter Arena ist entspannt und befreiend. Auf den Tribünen: überparteiliche Freunde des Sports. *Die schmettern ja mit der gleichen Inbrunst erst die Marseillaise und dann die Schweizer Nati.* Er kann es kaum fassen. In diesem Moment gewinnt eine lang schon gehegte Vision Gestalt. *Fußball – Versöhnung mitten im Streit* hat er 1975 seine Jubiläums-Rede überschrieben, diese Liebeserklärung eines utopischen Querdenkers. Fußball, das sei *im Grunde eine einzige Paradoxie. Ein martialischer Kampf: Schüsse und Kanonaden, Schlachtpläne und Spione im feindlichen La-*

ger; aber die Schüsse werden beklatscht, und die Spione nehmen, statt verhaftet zu werden, Platz auf der Ehrentribüne. Womit gezeigt wird: Krieg ist absurd. Die Partie selbst erweist sich dann als eine, am sonnigen Vorspiel gemessen, wenig inspirierende Unternehmung. Am Ende steht es freudlos Null zu Null. Immerhin, es gibt weder Sieger noch Besiegte.

Dieser 13. Juni 2006 war der letzte glückliche Tag, den wir gemeinsam erlebten. Ein paar Wochen später zeigt das Memantin, wie prophezeit, keine Wirkung mehr. Jetzt geht es rapide bergab. Er sitzt beim Mittagessen, schaut aus dem Fenster auf die kleine Terrasse und fängt unvermittelt an zu weinen. *Ich will hier raus. Ich will nach Hause.* Irgendwo wird er doch Frieden finden. Er weiß über Stunden nicht mehr, wo er ist. Binnen Minuten wähnt er sich an den unterschiedlichsten Orten, im Kindersanatorium Königsfeld, in Hamburg bei Mutter Anna, in Freiburg bei Helga, seiner ersten Verlobten. Er schleicht sich davon, irrt ziellos durch die Sonnenstraße, bis ihn die Freunde aus der Nachbarschaft aufgreifen und den Ausreißer mit viel gutem Zureden zur Rückkehr bewegen. Und er ist sauer auf seine Inge. Die arbeitet in einem Akt von Selbstrettung an einem neuen Buch, einer Recherche, wieder einmal im Umkreis der Familie Mann. Die Südamerika-Reise der Hedwig Pringsheim, auf der Suche nach Erik, dem verlorenen Sohn.

Ein kriminalistisches Abenteuer aus dem frühen 20. Jahrhundert.

Er möchte mitschreiben, er setzt sich noch einmal in den Keller an die alte Schreibmaschine, mobilisiert die letzten Kräfte und formuliert einige Seiten über den Anwalt, der Eriks mysteriösen Tod auf einer argentinischen Farm aufklären sollte. Dieser Walter von Pannwitz, kaisertreuer Advokat und Kunstsammler von Rang, hat es ihm angetan, vielleicht auch deshalb, weil dem exzellenten Strafverteidiger aus Berlin einst jene großbürgerliche Villa gehörte, die 2006 als *Schlosshotel im Grunewald* das Stammquartier der deutschen Fußball-Nationalmannschaft war. Doch so sehr sich mein Vater auch müht, er schafft es nicht mehr, die Geschichte in Form zu bringen. Die Chronologie der Ereignisse purzelt wild durcheinander. Meine Mutter ist hart, aber gerecht – so wie er es auch einmal war. Sie weigert sich, auch nur eine Zeile von ihm ins Manuskript zu übertragen. *Walter, das macht keinen Sinn.*

Er weiß, es ist vorbei mit dem Schreiben. Er bemitleidet und er hasst sich. Er spürt keine Selbstachtung mehr. *Ich bin ein Nichts.* Nur noch einmal wird er ein öffentliches Statement abgeben, als sich Günter Grass im August 2006 nach einem über 50 Jahre währenden Silentium geräuschvoll als jugendlicher Waffen-SS-Mann outet und die Medien Parallelen zum Fall des NSDAP-

Mitglieds Walter Jens entdecken. *Jetzt kommt die ganze Scheiße wieder hoch*, seufzt er daheim beim Durchblättern des *Spiegel*. In einem Zeitungs-Interview aus aktuellem Anlass versteigt er sich zu einer blumigen Apologie und preist den sich häutenden Autor als bundesweites Vorbild aller Spätbekennenden, Tüncher und Schweiger. *Ein Meister der Feder hält Einkehr und überlegt sich: Was hast du im langen Leben zu berichten vergessen? Das hat er getan. Es ist für mich bezeichnend, dass Grass gerade den richtigen Zeitpunkt gewählt hat. Vorher wäre manches besserwisserisch erschienen.* O nein, ein Besserwisser ist der Dichter aus Danzig niemals gewesen. Ob mein Vater noch weiß, was er da redet? *Walter, das macht keinen Sinn.* Grass aber fühlt sich gebauchpinselt von der Ehrenerklärung aus Tübingen und schickt meinem kranken Vater postwendend ein handsigniertes Exemplar des Zwiebel-Sellers ins Haus – *mit Dank für den freundschaftlichen Zuspruch.*

Er spricht nicht mehr viel. Das Einzige, was ihn noch beschäftigt, ist sein eigenes Elend – und der Wunsch nach einem gnädigen Tod. Er pocht auf ein Grundrecht, nicht leiden zu müssen, das er schon 1994 in der gemeinsamen Vorlesungsreihe mit Hans Küng eingefordert hat: *Die Würde des Menschen ist unantastbar – darf dieser Satz getilgt werden, wenn es ans Sterben geht?* Er war sich in seinem Plädoyer für die aktive Sterbehilfe so sicher, wie leidenschaftlich, ja erbost hat er mit der ehemaligen Bundesjustizministerin Herta Däubler-Gmelin über das Thema gestritten – und liebevoll der letzten Stunden von Regine Hildebrandt gedacht, der er sich nah fühlte. Unangefochten von auch nur dem leisesten Zweifel hat er, erinnern wir uns, einst am Fernseh-Totensonntag erklärt, dass ein Kranker, der seine Angehörigen nicht mehr erkennt, im Sinne des Humanen kein Mensch mehr sei – und darum erlöst werden dürfe. Jetzt, da er spürt, wie die eigenen mentalen Kräfte dramatisch schwinden – *ich nippele langsam ab* –, scheint es eine Frage von Wochen, bis er Dorfmüller an die Einlösung seines Versprechens erinnern wird.

Als er noch gesund war, hat er gesagt, dass er daheim sterben wolle. Das macht die Szene beklemmend konkret, die mich, seit ich um die Diagnose Demenz weiß, bis in die Träume begleitet. Wir werden wohl in seinem engen Schlafzimmer unter der Dachschräge sitzen. Vier Stühle um sein Bett. Meine Mutter am Kopfende, dann Dorfmüller, Christoph und ich. Was wird er sich wünschen? Musik? Ein Gebet? Ein letztes Stück Kuchen? Eines aber weiß ich, er hasst Kerzen. Nur kein falsches Pathos. Werden wir vorher noch einmal zusammensitzen? Wie lang wird es dauern vom Aufziehen der Spritze, bis er aufhört zu atmen? Und dann? Was wird auf dem Totenschein stehen?

Für meinen kranken Vater freilich bleibt der zunehmend unduldsam geäußerte Todeswunsch eigentümlich abstrakt. Immer wieder, wenn meine Mutter oder ich ihm nachgeben, Verständnis artikulieren für sein Verlangen, weicht er zurück. *Nun ja, es muss ja nicht gerade heute passieren.* Er will, denke ich manchmal, tot sein, ohne zu sterben. Wenn es um die letzten Dinge geht, haben ihn, schon in der Tübinger Vorlesung über das menschenwürdige Sterben, die Todesbeschreibung von Tolstojs Iwan Iljitsch oder Philip Roths ergreifender Nachruf auf den Vater beschäftigt, die *Handreichungen der Literatur*, aus denen er, wie wohl kein anderer, Schlussfolgerungen für ein humanes Ableben im Hier und Jetzt abzuleiten verstand. Von Persönlich-Privatem aber hat er wenig gesprochen. Hans Küng indes, der mit ihm auf dem Podium für das Menschenrecht auf aktive Sterbehilfe stritt, berichtete nicht zuletzt vom qualvollen Ersticken des eigenen Bruders, von dessen *fürchterlich langsamem Sterbeprozess* mit gerade einmal 22 Jahren und fragte: *Ist dies der von Gott gegebene, von Gott verfügte Tod?*

Als es ernst wird und er spürt, wie ihn sein Verstand allmählich verlässt, zögert mein Vater, den eigenen Thesen über ein menschenwürdiges Sterben zu folgen. Wie oft hat er den Tod bedacht, der ihn als theologisches oder gesellschaftliches Problem und in seiner Darstellbarkeit durch die Literatur in den Bann zog – er selbst aber hat bis 2006 weder ein verbindliches Testament gemacht noch eine Patientenverfügung beim Notar hinterlegt, in der die medizinische Betreuung im Fall einer Entscheidungsunfähigkeit verbindlich geregelt ist.

Er hat mit guten Argumenten die Legalisierung *aktiver* Sterbehilfe eingeklagt; mit dem, was an *passiver* Sterbehilfe schon heute rechtmäßig ist, etwa die Verweigerung jeglicher Apparatemedizin, *wenn ich länger als sechs Wochen geistig so verwirrt bin, dass ich nicht mehr weiß, wer oder wo ich bin,* mochte er sich nicht befassen. Geriet das eigene Ende ins Blickfeld, erlahmte die Vorstellungskraft. Erst nach langem Insistieren meiner Mutter unterzeichnet er im August die Erklärung über seine *Werte, Wünsche und Hoffnungen,* in der fixiert ist, dass er ärztlichen und pflegerischen Beistand nur erbittet, *so lange eine Aussicht auf Heilung besteht oder eine Behandlung möglich ist, die mir Lebensfreude und Lebensqualität erhält.* Ein Jahr später wird er seinen Namen nicht mehr schreiben können.

Ob er noch Freude am Leben hat? Schon beim Anziehen morgens gerät er in Rage. Er will nicht mehr aufstehen. Wozu auch? Die Welt, auch die der Kultur, ist ihm entglitten. In Bayreuth – er wollte unbedingt hin – saß er teilnahmslos auf dem harten Gestühl und merkte, dass er der Handlung des *Rings* nicht folgen konnte. Daheim gibt es keine Gespräche mehr, nur noch Klagen. Und die Forderung nach Aufmerksamkeit rund um die Uhr. Meiner Mutter wächst die Situation über den Kopf. Ohne Pflegedienst geht es nicht mehr. Der kommt erst einmal, dann zwei und drei Mal pro Tag. Einige Lesungen aber gibt es noch immer. Schwerfällig ergreifend liest er, kleine, zuvor lange geprobte Passagen; seine Frau – jederzeit bereit, seinen Part zu übernehmen, wenn er sich verheddert – bestreitet den weit größeren Rest des Programms. Seit der Rede in Aachen sind fast zwei Jahre vergangen. Es ist ein quälend langsamer Rückzug aus der Öffentlichkeit. Warum mutet er sich das zu?

Zwei Tage nach Neujahr 2007 – im Wohnzimmer riecht es nach Äpfeln, die am Tannenbaum hängen – rafft er sich noch einmal auf. Keine Larmoyanz in der Stimme – zum ersten Mal seit Wochen –, sondern eine beinah schon eisige Klarheit. *Ihr Lieben, es reicht. Mein Leben war lang und erfüllt. Aber jetzt will ich gehen.* Meine Mutter und ich widersprechen ihm nicht. Aus seiner Sicht hat er doch Recht. Also nur keinen süßlichen Trost mehr. *Walter, ich kann Dich verstehen.* Ich nicke, sprechen mag ich nicht. Reiß Dich zusammen, keine Tränen, nicht jetzt! Nun ist der Zeitpunkt doch noch gekommen. Wir werden also meinen Bruder Christoph in Köln anrufen, und ihn bitten, sich einige Tage frei zu nehmen. Minuten sitzen wir da ohne ein Wort. Dann, auf einmal, lächelt mein Vater und sagt: *Aber schön ist es doch!* Ein tiefer Seufzer. Dann fallen ihm die Augen zu.

… aber schön ist es doch: Redet so einer, der zum Sterben entschlossen ist? Meine Mutter, mein Bruder und ich sind uns einig, das Mandat, ihm aktiv beim Sterben zu helfen, ist in dieser Sekunde erloschen. Ein *Zwar-ist-es-schrecklich-aber-schön-ist-es-manchmal-noch-immer* ist keine Grundlage, um einen schwerkranken Mann aus der Welt zu schaffen. Solang er noch einen Hauch jener Freude verspürt, die er einst als das zentrale Lebenselixier beschrieb, und er vor allem keine physischen Schmerzen ertragen muss, kann ich ihm seinen Todeswunsch, den er hat – aber eben auch nicht! – schwerlich erfüllen. Ich darf es nicht tun. Nicht einmal helfen. Ich habe Glück gehabt und bin unendlich erleichtert. Die kommenden Monate aber werden entsetzlich.

Meine Mutter wird im Februar ihren 80. Geburtstag feiern. Trubel steht ins Haus. Mein Vater erahnt das zumindest und fühlt sich vernachlässigt. Er triezt sie, lässt sie nicht schlafen, verlangt nach einem Buch, das er unbedingt braucht, aber nicht findet, nach dem neuesten Kontoauszug, weil er Angst hat zu verarmen, oder schlicht nach einer Tablette. Die Engelsgeduld geht zu Ende. Sie wird unwirsch. Sie erträgt ihn nicht mehr. Einmal sagt sie im Zorn: *Er wird uns alle überleben.* Sie braucht Ruhe, dringend. Aber die kann er ihr nicht mehr lassen. Eines Nachmittags, als sie vom Zahnarzt nach Hause kommt, wartet er an der Türe. Er schreit wie niemals zuvor. Seine Gesichtszüge entgleiten. Sie bekommt es mit der Angst zu tun. Was bleibt, ist die Einweisung in die Psychiatrie. Geschlossene Abteilung. Als ich ihn dort ein paar Tage später besuche, sitzt er in einer Erwachsenen-Spielgruppe. Zehn gezeichnete Menschen. Eine 60jährige Patientin hat einen Narren an ihm gefressen. Sie kommt auf mich zu und zeigt auf meinen Vater: *Gell, Sie wissen schon, das ist nicht der Professor Jens, das ist der Herr Professor Küng.*

Er weint und bettelt: Er will fort aus diesem Irrenhaus. Er wird in ein Tübinger Genesungsheim überwiesen, in dem er früher mehrfach wieder zu Kräften kam. Dort aber gibt es keine geschlossene Abteilung. Immer wieder rennt er weg, halbnackt auf die Straße, und wird fortan in einen Stuhl gesetzt, aus dem er sich nicht mehr befreien kann. Vor die Armlehnen ist – wie beim Kindersitz im Restaurant – eine Platte montiert, die aus eigener Kraft nicht zu entfernen ist. Er stößt sich mit den Beinen ab, um wenigstens durchs Zimmer rutschen zu können. Der Pfleger hat ihm Papier und Buntstift gebracht. *Herr Jens, damit Sie etwas schreiben können.* Weil er aber noch immer renitent ist, wird er mit Sedierungsmitteln zur Ruhe gespritzt. Geht nicht anders. Personalmangel! Er halluziniert, er wähnt sich in einem brennenden Kriegsschiff vor der niederländischen Küste. Niemand weiß, wie er darauf kommt. Er schlottert vor Angst. *Bitte nicht schießen!* Hölderlin in seinem Turm hatte es besser.

Meine Mutter plagt sich mit Gewissensbissen. Ob sie unter diesen Umständen denn überhaupt Geburtstag feiern dürfe? Sie darf nicht nur. Sie muss. Sie hat, wie so viele Angehörige von Demenz-Patienten, getan, was immer sie konnte. Jetzt ist sie an der Reihe. Aber zum ersten Mal seit 55 Jahren wird sie ohne ihn sein an einem 11. Februar. In einer tapferen Rede sagt sie, dass sich ihr Leben verändert hat. Sie macht keinen Hehl daraus, dass es keine Hoffnung auf Genesung mehr gibt. *Aber besucht ihn!* Nur nicht verstecken. Das war nicht seine – und das ist nicht ihre Art.

Zehn Tage später darf er wieder nach Hause. Aber in diesen Monaten erlebt er die Krankheit in ihrer ganzen Härte. So wie sie Hunderttausende erdulden. Verwahrt, ruhig gestellt in Kliniken, in Heimen, die oft nicht gerüstet sind für den Umgang mit Menschen, denen gerade das Gedächtnis stirbt. Mein Vater durchlebt 2007 eine wahre Odyssee, man bringt ihn von einer Krankenstation zur anderen. Im Frühjahr liegt er in der Urologie, wo man ihn schnellstmöglich wieder loswerden will, weil er in seiner Verwirrung androht, aus dem Fenster zu springen. Wenig später braucht meine Mutter eine neue

Hüfte. Das bedeutet: sieben Wochen Auszeit. Wohin mit ihm? Wo gibt es eine Einrichtung, die einen Demenzkranken für einen befristeten Zeitraum professionell betreut?

Die Suche bleibt ohne Erfolg. Schließlich wird er, gegen seinen Willen – und haarscharf am Rande der Legalität – in ein Spital nach Basel verbracht. Sie liefert ihn ab – und fährt zurück. Dorfmüller hat ein Attest geschrieben, das *eine erhebliche Beeinträchtigung seiner Geschäftsfähigkeit von unbestimmter Dauer* bestätigt. Freiheitsentziehende Maßnahmen aber hätten eines Richterspruchs bedurft. Allein, meine Mutter sieht keine andere Wahl. Sie kann nicht mehr. Sie braucht ein neues Gelenk, um sich wieder ohne Schmerzen zu bewegen. Sie braucht Luft. Sie braucht eine Zäsur. Müde, wie sie ist, nimmt sie – Freud hätte geschmunzelt – versehentlich sogar seinen Reisepass wieder mit über die Grenze nach Deutschland. Damals habe ich sie für hartherzig gehalten. Ich habe mein Urteil revidiert.

Doch die Baseler Klinik wird für ihn zum Albtraum. Er versteht nicht, warum er weggesperrt wird. Eigentlich versteht er überhaupt nichts mehr. Die Patienten und Pfleger hier reden Schwyzerdütsch. Er fühlt sich vollends verloren. *Ich werde hier gehalten wie ein Hund.* Das Zimmer ist anonym und abwaschbar, der Schrank verschlossen und nur vom Personal zu öffnen. Er hat nicht genug

Wäsche. Auf dem Fußboden im Gang hocken geistig verwirrte Männer und Frauen. Sie schreien – in einem Slang, der ihm so fremd ist wie Turkmenisch, die Sprache der Nomaden. An seine Tür hat eine freundliche Schwester einen Zettel geklebt, eine *wichtige Mitteilung für Herrn Jens*, rot unterstrichen. Seine Frau habe sich einer schweren Operation unterzogen, werde bald wieder genesen, telefonieren könne sie aber nicht. Das soll er lesen, falls er wieder unruhig wird.

Wenn ich abends Schlag sechs Uhr anrufe, stellt er immer nur die eine Frage: *Wo ist Mami?* Er hat Angst, sie sei tot. Ich will mir selber ein Bild machen und fahre nach Basel. Er sitzt im Gruppenraum und stiert in die Luft. Als er mich erkennt, schlägt er die Hände vors Gesicht. Er schämt sich, dass er hier ist, in diesem Gefängnis mit dem hohen Maschendrahtzaun und der abgeschlossenen Pforte. Er meint, man wolle ihn strafen. *Was habe ich denn Böses getan? Wie lange muss ich hier bleiben?* Ich versichere ihm: nicht mehr als sechs Wochen! Ängstlich schaut er mir in die Augen. *Und wie lange ist das?*

Sie gewähren uns Ausgang. Wir gehen in der Freiheit ein Stück Sahnetorte essen. *Holst Du mich hier raus?* Er soll doch bitte erst einmal versuchen, sich in Basel einzuleben. *Wann kommst Du wieder?* In vier Tagen. Als ich aufbreche, stehst Du hinter dem Zaun und winkst mir hinterher. Dieses Bild, mein Lieber, wird bleiben.

Holst Du mich hier raus? So werden, denke ich, endlos viele noch nicht vollends verdämmerte, und doch abgeschobene Demenz-Patienten flehen. In aller Regel vergeblich. Mein Vater aber hat Glück. Seit einigen Monaten steht uns Margit Hespeler – eigentlich nur als Haushaltshilfe – zur Seite. Margit, die robuste Bäuerin, Ende 40, die mit den vielen Kuchen. Die mag meinen Vater und hat von vornherein wenig vom Zwangsaufenthalt in der Schweiz gehalten. Sie erklärt sich bereit, ihre Haupttätigkeit als Bedienung in einem Tübinger Speiselokal zu kündigen, um fortan meinen Vater zu pflegen. *Probieren wir's.* Meine Mutter, mittlerweile im Badischen zur Rehabilitation, willigt ein.

Binnen weniger Tage ändert sich das Leben meines Vaters von Grund auf. Er hat nun einen neuen höchst emotionalen Bezugspunkt. Eine Gefährtin, die nicht notgedrungen traurig ist, weil die vertrauten Gespräche, die Fundament einer langen Ehe waren, verstummt sind, sondern den Kerl, so wie er ist, ganz einfach gern hat. Sie führt ihn aus, sie gehen einkaufen, die beiden schaffen sich bald ihre eigenen Rituale. Ob er nun brav war oder sie wieder einmal beschimpft hat: Er weiß, am Ende des Tages wird es beim Metzger ein Wurstweckle geben. Sie hat keine Scheu, sie wäscht ihn, zieht ihn an, sie verwaltet seine Tabletten, lässt sich nicht aus der Ruhe bringen, auch wenn er tobt – und abends betet die

Urschwäbin mit ihm das Vater-Unser. *Da schwätzt er mit.*

Ohne jede Frage: So wie er nun lebt, gefüttert, gewindelt, umgeben von vergessenen Büchern, hat er niemals leben wollen. *Ich möchte was haben – dieses hier*, sagt er verzweifelt und tippt mit seinen Fingern in die Luft. Was ist er ohne seine Schreibmaschine? Der Alltag mit Demenz, der Verfall eines Ichs, lässt sich nicht freundlich verklären. Stella Braams anrührender Dialog mit ihrem alzheimerkranken Vater: *Er fragt: »Was schreibst du?« »Ein Buch über deine Krankheit«, antworte ich. »Sagst du auch, wie jämmerlich es ist?«* So wie René van Neer hat auch mein Vater elend gelitten – und manchmal dämmert ihm noch heute sein trostloser Zustand: *Ich kann nichts mehr. Ich hab nichts mehr.*

Er ist, was zur Symptomatik des Leidens gehört, mehrfach schlimm gestürzt, hat sich einmal sogar ein Schädel-Hirn-Trauma zugezogen, lag über Tage auf der Intensiv-Station der Neurochirurgie, konnte danach nicht mehr sprechen, saß im Rollstuhl – und hat sich doch, mit Hilfe seiner Gefährtin, im Rahmen des Möglichen wieder gefangen. Lang schon gehen die beiden wieder spazieren. Wenn er auf der Straße erkannt und gegrüßt wird, dann strahlt er. *Ach, das ist ja sehr freundlich.* Sieht so ein Leben aus, das – wie er einst dachte – im Sinne des Humanen keines mehr ist? Braucht, wer eine

Margit hat, einen Doktor Max Schur? Ich habe meine Zweifel. Aber was ist mit all denen, die nicht das Geld für eine private Betreuung haben, sondern, abgegeben in einem Heim, fernab der vertrauten Umgebung, das Ende der Tage erwarten? Das eindringliche Buch der Niederländerin Stella Braam bringt das Dilemma auf den Punkt: Prinzessin Juliana – auch sie war an Altersdemenz erkrankt – *hatte ständig jemanden um sich, der sie pflegte. Genau so muss es sein. Das Juliana-Modell – oder: Privatpflege – müsste Standard sein.* Das Juliana-Modell, das Modell Margit und Walter.

Der Vater, den ich kannte, der ist lang schon gegangen. Der Abschied, der mit einem Störfall im Gedächtnis, mit dem Entdecken einer Karteikarte in einem Berliner Aktenkeller begann, war bitter und hat wehgetan. Aber jetzt, da er fort ist, habe ich einen ganz anderen Vater entdeckt, einen kreatürlichen Vater – einen Vater, der einfach nur lacht, wenn er mich sieht, der sehr viel weint und sich Minuten später über ein Stück Kuchen, ein Glas Kirschsaft freuen kann. Was war das für eine Feier, am 8. März 2008, als er 85 wurde. Bei früheren Wiegenfesten wurden Reden geschwungen, Professoren-Kollegen zitierten griechische Verse und überreichten Sonderdrucke. Jetzt rücken die Freunde mit Fresskörben an, gewaltigen Schinken, Pralinen, Schokoladenhasen und reichlich selbstbemalten Ostereiern. Vierzig Gäste freuen sich an Margits Schinkenhörnchen. Und mittendrin mein rundum heiterer Vater.

Und wenn er nicht gerade Geburtstag hat, dann macht er nachmittags mit seiner Betreuerin und ihrem Freund eine kleine Landpartie, zu Margits Bauernhof nach Mähringen. Einmal, November 2008, haben sie mich mitgenommen. Er ist gut beieinander. Hier kennt er sich aus. Caro, der Wachhund, bellt zur Begrüßung. Für Momente ist er so klar, wie ich ihn seit einem Jahr nicht erlebt habe. *Tja, Tilman, jetzt bist Du woanders.* Wann hat er mich das letzte Mal beim Namen genannt? Er zeigt auf das Ende des Stalls. Ich solle mitkommen. Da sind die Kaninchen. Er ist aufgeregt wie ein Kind. Er nimmt sich Grün und ein paar Karotten. Ich traue meinen Augen nicht. Mein Vater füttert Karnickel! Er, der Asthmatiker, der früher Tiere hasste – und mir aus Angst vor Haaren die Anschaffung selbst eines Hamsters verbot.

Wir sitzen am Tisch der guten Stube. Die Stallburschen erwarten ihn schon. *Jetzt kommt der Walter.* Eine Großfamilie bei Kaffee und gelbem Sprudel. Auf dem Fenstersims liegt eine Fibel für Schulanfänger. *Das Leben auf dem Bauernhof.* Mein Vater lernt lesen. *Was ist das? Das ist ein Pferd.* Er hat Spaß, nimmt sich die Limo-Flasche. Er versucht das Etikett mit den gelben Buchstaben zu entziffern. Er strengt sich an. O-ran-gen ... das Wort

Bibliografische Information der Deutschen Nationalbibliothek
Die Deutsche Nationalbibliothek verzeichnet diese Publikation in der
Deutschen Nationalbibliografie; detaillierte bibliografische Daten sind
im Internet über http://dnb.d-nb.de abrufbar.

Mix
Produktgruppe aus vorbildlich
bewirtschafteten Wäldern und
anderen kontrollierten Herkünften
Zert.-Nr. SGS-COC-1940
www.fsc.org
© 1996 Forest Stewardship Council

Verlagsgruppe Random House FSC-DEU-0100
Das für dieses Buch verwendete FSC-zertifizierte Papier
Munken Premium liefert Arctic Paper Munkedals AB, Schweden

1. Auflage
Copyright © 2009 by Gütersloher Verlagshaus, Gütersloh,
in der Verlagsgruppe Random House GmbH, München

Dieses Werk einschließlich aller seiner Teile ist urheberrechtlich geschützt. Jede Verwertung außerhalb der engen Grenzen des Urheberrechtsgesetzes ist ohne Zustimmung des Verlages unzulässig und strafbar.
Das gilt insbesondere für Vervielfältigungen, Übersetzungen,
Mikroverfilmungen und die Einspeicherung und Verarbeitung in
elektronischen Systemen.

Umschlagmotiv: Horst Janssen (1988)
Druck und Einband: GGP Media GmbH, Pößneck
Printed in Germany
ISBN 978-3-579-06998-0

www.gtvh.de

Limonade schafft er nicht mehr. Ich möchte weinen. Er aber fühlt sich wohl. Was an Margit, aber auch an dem vielen Spielzeug, den Malbüchern, der bunten Kinderknete liegt, die sie ihm vom Dachboden geholt hat. Mein Vater geht ins Nebenzimmer. Als er zurückkommt, hat er eine große Puppe im Arm. Er hält sie ganz vorsichtig, wiegt sie. Das Plastikbaby sagt Mama.

Als er zurück ist in Tübingen, wird er meiner Mutter erzählen: *Caro ist der beste ...*